Inhalt

Frühstück	2
Haferbrei	2
Selbstgemachtes Müsli	3
Buttermilch-Pancakes	4
Frühstücksmarmelade	5
Sonnenblumensprossen-Müsli	6
Brötchen zum Frühstück	7
Buttermilch-Drink	8
Deftiges Frühstück	8
Kirschpudding mit Getreidebrei	9
Fruchtbrei	10
Blaubeeren-Minze-Müsli	10
Buchweizenbrei mit Früchten	11
Eier-Gurken-Aufstrich	12
Frucht-Gewürz-Brot	13
Klassischer Milchreis	14
Etwas andere Frühstückseier	14
Omelette mit Ziegenkäse	15
Gemüserohkost mit Früchten	15
Fruchtiger Aufstrich	16
Überbackener Toast	16
Granatapfel-Müsli	17
Gemüse-Müsli	17

Ei im Paprikaring 18

Waffeln mit Kokosnuss 18

Overnight- Haferflockenbrei 19

Frühstücks-Fruchtsaft 19

Getoastetes Brot mit Birne 20

Papaya-Smoothie 21

Gerollter Toast 22

Buttermilch-Shake mit Kiwi 23

Gemüsemarmelade 23

Chiajoghurt mit Zimt 24

Süße Pancakes mit Käse 24

Geröstetes Brot mit Avocadostreifen 25

Frühstück mit Süßkartoffeln 25

Schnelle Sandwiches 26

Smoothie zum Löffeln 26

Gebratene weiße Bohnen 27

Omelette mit Kräutern 28

Gefülltes Fladenbrot 29

Überbackene Eier mit Brot 30

Mandel-Avocado-Häppchen 31

Gemüse-Butter 32

Mischbrot 32

Kartoffelbrötchen mit Zucker 33

Chili-Tortilla mexikanisch 33

Tomaten-Mozzarella-Ciabatta 34

Herzhafte Muffins mit Zwiebeln 34

Curry-Frischkäse 35

Amaranth-Quinoa-Mischbrot 35

Blaubeeren–Quinoa 36

Müsli mit Crunch 37

Die fruchtige Bombe 38

Porridge mit Erdmandeln 39

Porridge mit Apfel 40

Porridge mit Kokos und Himbeeren 41

Ingwer-Gurken-Smoothie 42

Omelette mit Tomaten 42

Brennnesselsamen-Soja-Joghurt 43

Bananen-Nuss-Brei 43

Apfel-Nuss-Müsli 44

Frucht-Bowl 44

Aprikosen-Quinoa-Brei 45

Erdmandelbrei 45

Quinoabrei mit Kirschen 46

Mandel-Pfannkuchen 46

Himbeer-Mandelbrei 47

Nuss-Frucht-Müsli 47

Gemüse-Frucht-Smoothie 48

Fruchtiger Kokosshake 48

Frucht-Joghurt-Drink 49

Orangener Smoothie 49

Mandel-Frucht-Smoothie	50
Hefefreies Dinkelbrot	50
Fruchtbrei mit Granatapfelkernen	51
Fruchtmüsli	52
Frucht-Porridge	52
Bananenbrei	53
Aprikosen-Zimt-Brei	54
Grüner Gemüse-Smoothie	55
Pikanter Smoothie	55
Gemüsesaft	56
Gemüse-Minz-Smoothie	56
Tofu-Smoothie mit Gemüse	57
Kokos-Frucht-Müsli	57
Früchtemüsli mit Zimt	58
Lauchgrütze	59
Bunter Frühstücksbrei	59
Pflaumen-Smoothie mit Walnüssen	60
Hauptspeise	61
Gemüsenudeln mit Nüssen	61
Herzhafte Nudeln mit Erdbeeren	62
Spaghetti mit Mascarpone-Wirsing	63
Spinatnudeln mit Champignons	64
Spaghetti mit Kokos-Wirsing	65
Tofu-Wraps mit Hummus	66
Fruchtiger Chicorée	67

Obst-Gemüse-Käse-Pommes 68

Nudeln mit Erdbeeren-Spargel 69

Frittierte Avocado 70

Kartoffeln mit Gemüse-Käsefüllung aus dem Ofen 71

Süße Klöße in Rotweinsauce 72

Tomaten-Curry 73

Pizza aus Dinkelteig 74

Nussrisotto 75

Ingwer-Gemüse-Suppe 76

Gebratener Couscous mit fruchtigem Dip 77

Frischer Herbstsalat 78

Bunter Sommersalat 79

Gebackener Blumenkohl 80

Zucchini mit Feta überbacken 81

Gemüsepfannkuchen aus dem Ofen 82

Scharfer Nudelsalat 83

Tortellini mit Spargel-Tomatensauce 84

Rucola-Salat mit Nektarinen 85

Bohnen-Spaghetti mit Mandeln 86

Zucchini-Flammkuchen 87

Zucchini vom Grill mit Risotto 88

Bunte Zucchini-Nudeln mit Pesto 89

Zwiebel-Tofu-Spieße mit Gemüse und Obst 90

Spinat-Johannisbeeren-Pizza 91

Fruchtige Nudeln mit Pesto und Spargel 92

Ofenkartoffeln mit Estragon 93

Risotto mit Mandeln 94

Avocado in Tomatensauce 95

Süßkartoffel-Chips mit Avocado 96

Gemüse auf Kastanienpesto 97

Semmelknödel mit Rotkohl 98

Cranberry-Spaghetti mit Wirsinggemüse 99

Nudel-Gemüse-Topf 100

Gebackene Nudeln mit Gemüse 101

Nudeln mit Avocado-Walnuss-Pesto 102

Polenta mit Kürbis, Salat und Salsa 103

Curry mit Reis 104

Köfte in Tomatensauce mit Kokos 105

Nudeln mit pochierten Eiern in Sesamsauce 106

Omelette mit Reis 107

Amaranth mit Linsensauce 108

Schupfnudeln mit Spinatsauce 109

Gemüseschnitzel 110

Weizennudeln mit Grünkohl 111

Süßkartoffeln mit Reis-Curry 112

Süßkartoffeln mit Avocadocreme 113

Reis mit Chicorée und Avocado 114

Gemüse aus dem Ofen 115

Kürbisgnocchi mit gebratenem Rosenkohl 116

Halloumi mit Spargel-Möhren-Salat 117

Kartoffel-Gemüse-Rösti 118

Nudeln in Pilzsauce 119

Klassische Linsen mit Spätzle mit Tofu.. 120

Kichererbsenbällchen mit Sesammus... 121

Klöße mit Rosenkohlsauce.. 122

Schwarzwurzel mit Petersilienöl... 123

Ingwer-Spaghetti 124

Käsespätzle mit Apfelringen 125

Gemüseauflauf mit Tomatensauce.. 126

Gemüsenudeln mit Sahnesauce 127

Bunte Linsen mit Gemüse 128

Mit Hirse gefüllter Kohlrabi 129

Lauch-Ei-Pizza.. 130

Herzhafte Spinat-Plätzchen 131

Süßkartoffelspalten mit Kräuteröl... 132

Bratkartoffeln mit Seitan... 133

Pfannkuchen mit Spinat 134

Knödel mit Mohn und gebratenen Pilzen 135

Nudeln mit Sahne-Kohlsauce 136

Risotto mit Basilikum und Pfifferlingen...................................... 137

Reisbällchen mit Wirsing und Haselnüssen 138

Gefüllte Zucchini 139

Frikadellen aus Tofu 140

Curry mit Kokos, Erdnüssen und Süßkartoffeln......................... 141

Gebratener Kürbis mit Tagliatelle... 142

Süßer Kartoffelauflauf mit Apfel 143

Brokkoli-Cannelloni 144

Spaghetti mit Basilikum-Ingwer-Pesto 145

Nudeln mit vegetarischer Bolognese 146

Braten aus Spinat 147

Fruchtiges Curry 148

Omelette mit Rosenkohl und Pilzen 149

Gelber Linseneintopf 150

Gratin aus Kürbis und Polenta 151

Zucchini-Lauch-Omelette 152

Grießknödel auf Pilzen 153

Kartoffelröllchen mit Gemüse 154

Bunte Bratkartoffeln 155

Hirse-Puffer 156

Wirsing-Kartoffel-Pfanne 157

Pasta mit Zucchini und Aubergine 158

Gemüsecurry 159

Ratatouille 160

Griechische Linsensuppe 161

Sellerie-Brokkoli-Suppe 162

Kichererbsen-Salat mit Avocado 163

Gefüllte Paprika 164

Avocado-Suppe 165

Kartoffelsalat 166

Gemüsepfännchen mit Knoblauch-Dip 167

Mangold - Lasagne	168
Rote-Beete-Suppe	169
Leichte Erbsensuppe	170
Möhrensalat mit Ananas	171
Fruchtiger Fenchelsalat	172
Überbackener Blumenkohl	173
Zucchinieintopf	174
Sellerie-Apfel-Rohkost	175
Erbsensuppe	176
Kräutersuppe	177
Krautsalat	178
Grünkohlsalat	179
Curry-Kartoffelpfanne	180
Nockerl	181
Kartoffel-Kohlrabi-Suppe	182
Kohlrabi-Karotten-Suppe	183
Erdbeersalat	184
Feldsalat mit Champignons	185
Fruchtiger Salat	186
Nudelsalat	187
Frühlingssalat	188
Linsenchili	189
Möhren-Mandelsuppe	190
Kartoffelsalat mit Zitronendressing	191
Gebratener Brokkoli	192

Paprikapfanne 193

Kartoffel-Gemüse-Eintopf 194

Brokkoli-Mandel-Pfanne 195

Möhren-Paprika-Pfanne mit Kokossauce 195

Paprika-Kichererbsen-Salat 196

Milchsuppe mit Koriander 196

Glasnudeln mit Gemüse 197

Einfache Bratkartoffeln 198

Snacks 199

Tofu-Bällchen mit Linsen 199

Nuss-Mix zum Knabbern 200

Käse-Sandwich 201

Lauchröllchen mit Ziegenkäse 202

Frittierte Chili-Kartoffeln 203

Aprikosen-Bällchen 204

Curryaufstrich für Bagels 205

Herzhafte Ziegenkäse-Muffins 206

Käse-Sandwich 207

Omelette mit Spargel 208

Sesam-Käse-Cracker 209

Ziegenkäse-Blätterteig-Taler 210

Brot mit Karottenaufstrich 211

Baguette mit Eiercreme 212

Paprikasalat mit Ricotta 213

Omelette mit Spinat 214

Soja-Kürbis	215
Gebackener Butternutkürbis	216
Süß-saure Möhren	217
Gemüse-Käse-Kuchen	218
Avocado-Schafskäse-Dip	219
Marinierte Rohkost mit Käse	220
Belegtes Brot mit Hüttenkäse	221
Gemüse-Obst-Päckchen	222
Brot-Auflauf mit Trauben und Käse überbacken	223
Desserts	224
Pudding mit Kokos	224
Milchreis mit Kirschen und Sahne	225
Haferflocken-Crunch mit Äpfeln	226
Crème Brûlée mit Lebkuchengeschmack	227
Kokos-Chiapudding mit Obstsalat	228
Erdbeeren mit Joghurt	229
Süßer Kaiserschmarrn	230
Eis mit Grütze	231
Grütze mit Stachelbeeren	232
Stracciatella mit Erdbeeren	233
Panna Cotta in Schokosauce	233
Gebackene Banane	234
Backpflaumen mit Vanille	235
Gebratene Marzipan-Birnen	236
Avocado-Mousse mit Vanillesauce und Heidelbeeren	237

Milchreis mit Pflaumensauce	238
Süßer Wrap mit süßem Quark	239
Milchreis mit Rhabarberkompott	240
Reispudding mit Obst	241
Plätzchen aus Quark mit Obstsalat	242
Panna Cotta mit Kokos und Ananas	243
Geschichtete Beerencreme	244
Apfelquark	244
Vanille-Joghurt-Eis	245
Geschichtete Orangen	246
Mascarpone mit Walnuss und Mango	247
Pfannkuchen mit Haselnüssen und Birnen	248
Mango-Smoothie	249
Kiwi-Blaubeer-Smoothie	249
Schoko-Minz-Smoothie	250
Bananen-Smoothie	250
Der rote Smoothie	251
Apfel-Dessert	251
Fruchtiger Traum	252
Zimtcreme mit Äpfel-Dessert	253
Heidelbeer-Muffins	254
Gefüllte Kokos-Feigen	255
Macadamia-Mandel-Creme	255
Espresso–Kakao–Leckerei	256
Kokosnussplätzchen	256

Kokosnuss-Cheesecake 257

Karottenkuchen 258

Fruchteis 259

Tassen-Apfelkuchen 259

Herzhafte Müsliriegel 260

Dattel-Pralinen 261

Dattel-Smoothie 261

Gefüllte Feigen 262

Avocado-Mousse 262

Haftungsausschluss 263

Impressum 264

Vegetarisches Kochbuch

299 leckere vegetarische Rezepte für eine gesunde, fleischlose Ernährung.

Frühstück

Haferbrei

Zutaten für 4 Portionen:
8 EL Sahne
2 TL ganze Anis
4 EL Heidelbeeraufstrich
6 Kapseln Kardamom
1 EL Kokosöl
5 schwarze Pfefferkörner
Salz
2 Nelken
40 g feine Haferflocken
2 TL Zimtpulver
1 l Milch
1 TL gemahlener Kurkuma
4 Datteln

Zubereitung:
Den Pfeffer, Anis, Nelken und Kardamom mörsern. Danach Zimt und Kurkuma untermischen. In einem Topf die Gewürze rösten. Das Ganze mit 200 ml Wasser ablöschen, aufkochen und für 5 Minuten köcheln lassen. In der Zeit die Datteln entkernen und grob hacken. Das Wasser mit den Gewürzen durch ein feines Sieb gießen. Das Wasser mit der Milch mischen und aufkochen lassen. Danach die Datteln sowie die Haferflocken einrühren. Alles für 10 Minuten bei mittlerer Hitze einkochen lassen. Ab und zu umrühren. Zum Schluss mit Salz abschmecken und das Kokosöl unterrühren. Zum Servieren Heidelbeeraufstrich und je 2 EL Sahne darauf verteilen.

Selbstgemachtes Müsli

Zutaten für ca. 600 g:
2 TL Spirulinapulver
40 g Kokosöl
Salz
60 g Quinoa
100 ml Ahornsirup
50 g Mandelblättchen
1 TL gemahlener Zimt
50 g Cashewnüsse
40 g getrocknete Aroniabeeren
40 g Kokoschips
200 g Haferflocken

Zubereitung:
Den Backofen auf 140 °C Umluft vorheizen. Das Kokosöl verflüssigen. Über ein Sieb die Quinoa heiß abspülen und trocknen. Alle Zutaten außer dem Spirulinapulver und der Quinoa vermischen. Dann auf ein mit Backpapier ausgelegtes Backblech verteilen. Darüber die Quinoa geben und für 35–40 Minuten in den Backofen geben. Alle 10 Minuten umrühren. Zum Schluss alles abkühlen lassen und das Spirulinapulver unterheben.

Buttermilch-Pancakes

Zutaten für 4 Portionen:
1 EL Öl
100 g gehackte Walnüsse
10 EL Ahornsirup
250 g Weizenmehl
375 ml Buttermilch
3 TL Weinsteinbackpulver
2 Eier
1 Prise Salz
60 g flüssige Butter

Zubereitung:
Backpulver, Mehl, Salz und 50 g Walnüsse vermischen. Buttermilch, Butter, Eier und 2 EL Ahornsirup verrühren. Danach die Nuss-Mehl-Mischung unterheben und für 10 Minuten quellen lassen. Öl in eine Pfanne geben und den Teig portionsweise von beiden Seiten backen. Die fertigen Pancakes mit dem Ahornsirup und den Walnüssen anrichten.

Frühstücksmarmelade

Zutaten für 4–6 Gläser:
100 ml Apfelsaft
1 kg Äpfel
100 ml Apfelwein
150 g frischer Ingwer
500 g Gelierzucker
Saft von 2 Zitronen

Zubereitung:
Die Äpfel schälen, entkernen und würfeln. Den Ingwer schälen und ebenfalls würfeln. Alles zusammen in einen Topf geben und aufkochen. Für 4 Minuten kochen lassen. Immer wieder umrühren. Anschließend den Topf vom Herd nehmen und die Marmelade in heiß ausgespülte Behälter füllen. Nach dem Verschließen die Behälter für 5 Minuten auf den Kopf stellen.

Sonnenblumensprossen-Müsli

Zutaten für 4 Personen:
4 EL Mandelstifte
6 EL Buchweizenkörner
4 TL Rosinen
8 EL Sonnenblumensprossen
140 ml süße Sahne
2 rote Äpfel
2 EL Honig
3 Orangen
1 TL gemahlene Bourbon-Vanille
2 Bananen
350 g Joghurt

Zubereitung:
Über Nacht die Buchweizenkörner quellen lassen. Diese danach mit den Sonnenblumensprossen kalt abspülen. Die Früchte klein schneiden. Die Vanille mit dem Joghurt und dem Honig vermischen. Die Sahne steifschlagen und den Buchweizen, die Rosinen sowie die Mandelstifte unterheben. Zum Servieren die Joghurtmasse in eine Schale geben. Darauf die Früchte und die Sprossen geben.

Brötchen zum Frühstück

Zutaten für 15 Stück:
60 g Margarine
450 g Weizenschrot
1–2 TL Meersalz
300 ml lauwarmes Wasser
1 TL Honig
1 Hefewürfel
Optional:
Sonnenblumenkerne
Mohn
Sesam

Zubereitung:
Die Hefe und den Honig mit etwas Wasser verrühren. Den Schrot in eine Schüssel geben und in die Mitte eine Mulde drücken. In diese die Hefemischung geben und etwas Schrot hineinmischen. Das Ganze für 15 Minuten gehen lassen. Die Margarine mit dem restlichen Wasser sowie dem Salz vermischen und hinzugeben. Das Ganze für 30 Minuten gehen lassen. Den Teig durchkneten und Brötchen daraus formen. Diese wieder für 35 Minuten gehen lassen. Danach leicht einritzen und nach Wunsch mit den Kernen bestreuen. Die Brötchen für 30 Minuten bei 200 °C backen.

Buttermilch-Drink

Zutaten für 3 Portionen:
125 g frisches Weizenschrot
750 ml Buttermilch
3 EL Leinsamen
3 EL ungesüßter Sanddorn
1 EL Honig

Zubereitung:
Den Honig mit der Buttermilch und dem Sanddorn verrühren. Leinsamen und den Weizenschrot einrühren und abschmecken.

Deftiges Frühstück

Zutaten für 2 Portionen:
3 Eier
3 Pellkartoffeln
1/2 Bund Schnittlauch
1 EL Butter
50 g Champignons
1 Zwiebel
1/2 rote Paprika

Zubereitung:
Die Pellkartoffeln schälen, in Scheiben schneiden und in der Butter anbraten. Die Zwiebeln klein schneiden und zu den Kartoffeln geben. Das Ganze mit Salz und Pfeffer würzen. Die Champignons und Paprika putzen und in Streifen schneiden. Die Eier verquirlen. Alles zu den Kartoffeln heben und verrühren. Das Ganze für ca. 5 Minuten stocken lassen.

Kirschpudding mit Getreidebrei

Zutaten für 2 Portionen:
100 g Naturjoghurt
80 g geschroteter Weizen
2 EL Bourbon-Vanillezucker
1/2 Glas süße Kirschen
100 ml süße Sahne
1 EL Vanille-Puddingpulver
2 EL Mandelblättchen

Zubereitung:
Über Nacht den Weizenschrot quellen lassen. Danach das Wasser abgießen. Von den Kirschen ca. 150 ml Kirschsaft auffangen. Den Saft erhitzen und den Pudding einrühren. Alles abkühlen lassen und die Kirschen unterheben. In einer Pfanne die Mandelblättchen anrösten. Die Sahne mit dem Zucker steifschlagen. Die Hälfte der Sahne mit dem Weizen vermischen. Die restliche Sahne mit dem Joghurt mischen. Alles abwechselnd in Schälchen schichten und mit den Mandelblättchen bestreuen.

Fruchtbrei

Zutaten für 4 Portionen:
50 g Walnüsse
2 Birnen
1 TL Zimt
120 g Trauben
300 g Joghurt
6 EL Frühstücksbrei
300 ml Orangen-Mango-Dicksaft

Zubereitung:
Die Birnen in Würfel schneiden. Den Brei mit dem Saft vermischen und aufkochen lassen. Danach den Zimt und den Joghurt untermischen. Den Brei anrichten. Die Früchte sowie die Walnüsse darauf verteilen.

Blaubeeren-Minze-Müsli

Zutaten für 2 Portionen:
1 Stiel Minze
50 g Blaubeeren
1 TL Honig
200 g Joghurt
1 TL Acai-Pulver
140 g Vollkornmüsli
1 EL gehobelte Mandeln

Zubereitung:
Die Beeren waschen, trocknen und einfrieren. Den Joghurt mit dem Honig und dem Acai-Pulver mixen. Das Müsli zusammen mit den Mandeln in Schälchen verteilen und die Joghurtmasse darauf geben. Zum Schluss die gefrorenen Beeren mit der Minze darauf anrichten.

Buchweizenbrei mit Früchten

Zutaten für 4 Portionen:
Für die Früchte:
1 Prise Zimt
50 g Zucker
100 g Himbeeren
100 g Blaubeeren
Für den Brei:
1 TL Butter
100 g Buchweizen
100 g Zucker
1 Eiweiß
200 ml Wasser

Zubereitung:
Den Buchweizen und das Eiweiß in einem Topf erhitzen. Dabei ständig umrühren. Das Wasser abgießen, wenn das Eiweiß stockt. Danach den Zucker einrühren und für 15 Minuten köcheln lassen. Unter den fertigen Brei die Butter rühren. Den Zucker für die Früchte mit 2 EL Wasser karamellisieren. 2 EL Wasser sowie die Früchte hinzugeben und kurz erwärmen. Zum Schluss den Zimt hinzugeben und zusammen servieren.

Eier-Gurken-Aufstrich

Zutaten für 4 Portionen:
Salz und Pfeffer
4 Scheiben Vollkornbrot
1 TL scharfer Senf
2 Eier
2 EL Rapsöl
150 g Salatgurke
20 g Magerquark
1 Bund frische Kräuter

Zubereitung:
Die Eier hartkochen, abschrecken und abkühlen. Die Gurke längs halbieren, die Kerne entfernen und zusammen mit den Kräutern klein schneiden. Die Eier schälen. Das Eiweiß würfeln, das Eigelb zerdrücken. Den Quark mit dem Eigelb, dem Senf und dem Öl vermischen. Die Gurke mit dem Eiweiß und den Kräutern unter den Quark heben. Alles mit Salz und Pfeffer würzen.

Frucht-Gewürz-Brot

Zutaten für 2 Portionen:
2 Scheiben Dinkel-Vollkornbrot
300 g mehlkochende Kartoffeln
Salz und Pfeffer
4 Majoranstiele
1 TL Keimöl
1 kleine Stange Lauch
1 Apfel

Zubereitung:
Die Kartoffeln waschen und mit Schale für 20–30 Minuten garen. Den Majoran waschen und die Blätter abzupfen. Die Blätter, bis auf einige, hacken. Den Lauch längs halbieren, waschen und in Streifen schneiden. Den Apfel waschen und würfeln. In einer Pfanne Öl erhitzen, den Lauch für ca. 6 Minuten dünsten. Den Apfel und den gehackten Majoran hinzugeben und für 1 Minute dünsten. Alles mit Salz und Pfeffer würzen. Die fertigen Kartoffeln abschrecken, schälen und pressen. Danach die Apfelmischung unterheben. Alles mit Salz und Pfeffer würzen. Den Aufstrich auf die Brotscheiben geben und mit dem restlichen Majoran anrichten.

Klassischer Milchreis

Zutaten für 4 Portionen:
1 EL brauner Zucker
500 ml Milch
1 TL Zimt
200 g Rundkornreis
1 Handvoll Rosinen
1 EL Vanillezucker

Zubereitung:
Die Milch zusammen mit dem Reis, dem Vanillezucker, den Rosinen und dem Reis aufkochen. Die Hitze reduzieren und für ca. 60 Minuten garen. Gelegentlich umrühren. Den fertigen Milchreis in Schälchen füllen und vor dem Servieren mit Zimt und Zucker bestreuen.

Etwas andere Frühstückseier

Zutaten für 2 Portionen:
1 Prise Salz
4 Eier

Zubereitung:
Die Eier für 3 Minuten kochen. Danach herausnehmen und aufschlagen. Die Dotter in ein extra Glas geben. Das Eiklar herausnehmen und zu dem Eigelb geben. Alles leicht verrühren und mit Salz würzen.

Omelette mit Ziegenkäse

Zutaten für 2 Portionen:
60 g Butter
4 Eier
2 EL Basilikum
Salz und Pfeffer
200 g Ziegenkäse

Zubereitung:
Die Eier aufschlagen. Mit Salz und Pfeffer würzen und verquirlen. Den Ziegenkäse würfeln. Das Basilikum hacken. Beides zu den Eiern geben. In einer Pfanne die Hälfte der Butter erhitzen. Die Hälfte Eiermasse in die Pfanne geben und stocken lassen. Danach das Omelette in der Mitte zusammenklappen und anrichten. Bei dem zweiten Omelette genauso verfahren.

Gemüserohkost mit Früchten

Zutaten für 2 Portionen:
2 EL Kürbiskerne/100 g Sellerieknolle
1 EL Honig/1/2 Mango
Salz und Pfeffer/1/2 Apfel
50 g Joghurt/Zitronensaft

Zubereitung:
Den Sellerie schälen. Zusammen mit dem Apfel in Streifen schneiden. Beides mit Zitronensaft beträufeln. Den Joghurt mit Salz und Pfeffer verrühren. Den Joghurt zu dem Apfel geben. Die Mango schälen, entkernen und in Spalten schneiden. Die Mango in Zitronensaft und Honig marinieren. In einer Pfanne ohne Fett die Kürbiskerne rösten. Den Sellerie und die Mango anrichten. Darüber die Kürbiskerne streuen.

Fruchtiger Aufstrich

Zutaten für 4 Portionen:
1 Banane
100 g Joghurt
1 EL Orangensaft
80 g Müsli
1 EL Zitronensaft
80 g Frischkäse
50 g Honig

Zubereitung:
Den Joghurt mit dem Honig und beiden Saftsorten verrühren. Danach das Müsli unterheben und für 2 Stunden ziehen lassen. Die Banane zerdrücken und zusammen mit dem Frischkäse unter den Joghurt heben.

Überbackener Toast

Zutaten für 2 Portionen:
Salz und Pfeffer/1–2 Tomaten
Frisches Basilikum/2 Pk. Mozzarella
1 EL Olivenöl/1 Knoblauchzehe
1 EL Basilikumpesto
4 Scheiben Toast

Zubereitung:
Die Tomaten waschen und zusammen mit dem Mozzarella in Scheiben schneiden. Den Knoblauch hacken. Das Toast mit Pesto bestreichen. Darauf die Tomaten und den Mozzarella legen. Das Olivenöl mit dem Knoblauch vermischen und ebenfalls darübergeben. Die Toasts in dem Backofen überbacken. Mit dem Basilikum die fertigen Toasts garnieren.

Granatapfel-Müsli

Zutaten für 2 Portionen:
4 EL Weizenkeime/2 Orangen
10 EL Hafer-Vollkornflocken
2 Kiwis/2 EL Honig
2 EL Zitronensaft/1 Granatapfel
2 EL Rosinen/250 ml Buttermilch

Zubereitung:
Die Orangen filetieren. Die Kiwis schälen und klein schneiden. Dazu die Rosinen und den Zitronensaft geben. Den Honig und die Buttermilch vermischen. Zu den Früchten die Haferflocken und Weizenkeime geben. Danach die Buttermilch hinzugeben. Den Granatapfel entkernen. Die Kerne unter das Müsli geben.

Gemüse-Müsli

Zutaten für 2 Portionen:
1 EL Honig
1 Karotte
2 EL gehackte Walnüsse
1 Apfel
6 EL feine Haferflocken
Zitronensaft
250 g fettarmer Naturjoghurt

Zubereitung:
Die Karotte und den Apfel raspeln. Beides mit etwas Zitronensaft beträufeln. Den Joghurt mit den Haferflocken mischen. Danach die Karotte und den Apfel hinzugeben. Alles mit Honig abschmecken.

Ei im Paprikaring

Zutaten für 1 Portion:
gehackte Kräuter
1 Paprika
Salz und Pfeffer
2 Eier

Zubereitung:
Die Paprika waschen, entkernen und in zwei Ringe schneiden. Öl in einer Pfanne erhitzen. Die Paprika hineinlegen. In die Paprikaringe je ein Ei hineinschlagen. Das Ei stocken lassen. Danach vorsichtig herausnehmen und servieren.

Waffeln mit Kokosnuss

Zutaten für 2 Portionen:
125 ml Wasser
125 g Mehl
4 Eier
125 g Maisstärke
200 g Butter
125 g Kokosraspeln
200 g Zucker

Zubereitung:
Alle oben genannten Zutaten zu einem Teig verrühren. Die Waffeln in einem Waffeleisen portionsweise ausbacken.

Overnight- Haferflockenbrei

Zutaten für 1 Portion:
Obst
200 ml Milch
1 EL Kokosraspeln
3 EL Haferflocken
1 Handvoll Rosinen
1 EL Chia-Samen

Zubereitung:
Die Milch erwärmen. Die Haferflocken hinzugeben und aufkochen lassen. Danach die Chia-Samen, die Rosinen und die Kokosraspeln hineingeben. Alles verrühren und über Nacht quellen lassen. Die Früchte am nächsten Tag klein schneiden und zu dem Brei geben.

Frühstücks-Fruchtsaft

Zutaten für 4 Portionen:
250 g Kokosmilch
1 Ananas
1 Limette
3 Handvoll Blattspinat
2 Avocados

Zubereitung:
Die Ananas schälen und klein schneiden. Den Spinat waschen. Die Limette sowie die Avocados schälen und halbieren. Diese Zutaten entsaften und mit der Kokosmilch vermischen.

Getoastetes Brot mit Birne

Zutaten für 4 Portionen:
Zitronenmelisse
4–8 Dinkelbrotscheiben
3 EL Ahornsirup
3 Birnen
200 g griechischer Joghurt
2 EL gehackte Haselnüsse

Zubereitung:
Die Joghurt mit 2 EL Ahornsirup verrühren. Die Birne schälen und in Spalten schneiden. Das Brot toasten. Den Joghurt auf das Brot streichen und die Birnen darauf verteilen. Zum Schluss die Zitronenmelisse und Haselnüsse drüberstreuen.

Papaya-Smoothie

Zutaten für 4 Portionen:
1 Schuss Ahornsirup
1 Mango
1 EL Kornblumen
1 Papaya
2 EL Chiasamen
Saft von 2 Grapefruits
2–3 EL Kokosflocken
Saft von einer Limette
200 ml Buttermilch
200 ml Kokosmilch

Zubereitung:
Die Früchte schälen und klein schneiden. Alle Zutaten pürieren. Zum Servieren den Smoothie in Gläser füllen.

Gerollter Toast

Zutaten für 4 Portionen:
1 Orange
2 Eier
2–3 Maracujas
300 ml Milch
3 Pk. Vanillezucker
2 EL Zucker
250 g Quark (40 %)
12 Scheiben Toastbrot
60 g Butter

Zubereitung:
Die Eier mit dem Zucker und der Milch verrühren. Den Toast darin einweichen, abtropfen lassen und in einer Pfanne mit Fett von beiden Seiten anbraten. Den Quark mit dem Vanillezucker vermischen. Die Maracuja halbieren, entkernen und den Saft auffangen. Den Saft sowie die Kerne unter den Quark heben. Die Orange pellen. Davon die Hälfte hacken und ebenfalls unter den Quark heben. Etwas Quark auf die Toasts streichen und für 1 Stunde kaltstellen. Danach die Toasts rollen und anrichten.

Buttermilch-Shake mit Kiwi

Zutaten für 4 Portionen:
1/2 Bund Zitronenmelisse
8 Golden Kiwis
1/2 Tonkabohne
2 Becher Buttermilch
Saft und Abrieb von 1/2 Zitrone
6–8 EL Ahornsirup
1 EL Kurkuma

Zubereitung:
Die Kiwi schälen. Alle Zutaten pürieren. Zum Servieren den Shake in Gläser füllen.

Gemüsemarmelade

Zutaten für 4 Portionen:
300 g Zucker
500 g säuerliche Äpfel
500 g Zucchini
1 TL Geliermittel
50 ml Wasser

Zubereitung:
Die Zucchini schälen, entkernen und raspeln. Die Äpfel ebenfalls schälen und in Würfel schneiden. Beides in einen Topf geben und für 8–10 Minuten mit Wasser bei schwacher Hitze kochen lassen, danach den Zucker hinzugeben und nochmals für 5–10 Minuten kochen lassen. Zum Schluss das Geliermittel nach Packungsanweisung hinzugeben. Die fertige Marmelade vom Herd nehmen und umfüllen.

Chiajoghurt mit Zimt

Zutaten für 1 Portion:
1/2 TL Honig
250 g Naturjoghurt
1/2 TL Zimt
1 Apfel
1 EL Chiasamen

Zubereitung:
Den Joghurt mit Zimt, Honig und Chiasamen vermischen und für 40 Minuten in den Kühlschrank geben. In der Zeit den Apfel klein schneiden und danach unter den Joghurt heben.

Süße Pancakes mit Käse

Zutaten für 2 Portionen:
Obst nach Wahl
50 g Haferflocken
2 EL Naturjoghurt
1 Ei
etwas Kokosöl
50 g Hüttenkäse
1 Schuss Mandelmilch
1 Banane
1 Msp. Backpulver

Zubereitung:
Banane, Mandelmilch, Haferflocken, Backpulver, Ei und den Hüttenkäse zusammen pürieren. Etwas Kokosöl in einer Pfanne erhitzen und die Pancakes portionsweise von beiden Seiten darin ausbacken. Vor dem Servieren den Joghurt und das Obst darüber verteilen.

Geröstetes Brot mit Avocadostreifen

Zutaten für 2 Portionen:
1 TL Zitronensaft
2 Scheiben dunkles Brot
Salz und Pfeffer
1 Avocado
80 g Hüttenkäse

Zubereitung:
Zuerst das Brot toasten. Die Avocado schälen und in Streifen schneiden. Auf das getoastete Brot den Hüttenkäse verteilen und mit den Avocadostreifen belegen. Zum Schluss mit dem Zitronensaft, Salz und Pfeffer würzen.

Frühstück mit Süßkartoffeln

Zutaten für 4 Portionen:
Chiliflocken/2 Süßkartoffeln
200 g körniger Frischkäse
2 Lauchzwiebeln/1/2 Bund Petersilie
4 Eier/Salz und Pfeffer

Zubereitung:
Die Süßkartoffeln waschen und längs halbieren. Die Kartoffelhälften auf ein Backblech legen und für 30–40 Minuten bei 200 °C backen. In der Zeit die Lauchzwiebeln waschen und in Ringe schneiden. Die fertigen Süßkartoffeln etwas aushöhlen. In diese Vertiefung ein Ei aufschlagen und mit Salz und Pfeffer würzen. Darüber die Lauchzwiebeln streuen. Das Ganze nochmals für 15 Minuten backen. Die Petersilie waschen und hacken. Alles mit etwas Frischkäse anrichten und vor dem Servieren die Petersilie sowie die Chiliflocken darüberstreuen.

Schnelle Sandwiches

Zutaten für 4 Portionen:
1 Bund Rucola/2 Eier
8 Scheiben Toast/2 Frühlingszwiebeln
1/2 Salatgurke/3 EL Mayonnaise
1 Zitrone/3 EL Joghurt

Zubereitung:
Die Eier für 7 Minuten kochen. Danach abschrecken, pellen und klein schneiden. Die Frühlingszwiebeln klein schneiden und zusammen mit dem Abrieb sowie dem Saft der Zitrone, den Eiern, der Mayonnaise und dem Joghurt vermischen. Alles abschmecken. Die Gurke schälen und in Scheiben schneiden. Diese salzen und für 10 Minuten ziehen lassen. Die Toastscheiben mit der Mayonnaise-Mischung bestreichen. Die Gurke ausdrücken und mit dem Rucola auf 4 Toastscheiben verteilen. Danach die anderen Scheiben darauflegen.

Smoothie zum Löffeln

Zutaten für 2 Portionen:
2 EL Kokos-Chips/1 Banane
2 EL Mandeln/200 g Mango
2 EL Chia-Samen/150 g gemischte Beeren
100 ml Milch/2 Datteln

Zubereitung:
Die Banane sowie die Mango schälen. Von dem Obst etwas zur Seite legen. Den Rest zusammen mit der Milch und den Datteln pürieren. Danach die Chia-Samen hinzugeben und für 15 Minuten quellen lassen. Zum Schluss alles in eine Schale geben. Das Obst, die Mandeln und die Kokos-Chips darüber verteilen.

Gebratene weiße Bohnen

Zutaten für 4 Portionen:
4–6 Eier
300 g getrocknete weiße Bohnen
Cayennepfeffer
800 g geschälte Tomaten
Salz
1 Zwiebel
2 EL grober Senf
1 Knoblauchzehe
1 EL Balsamico-Essig
2 EL Öl
2 EL Zuckerrübensirup
250 ml Gemüsebrühe
1 Nelke
1 Lorbeerblatt

Zubereitung:
Die Bohnen in kaltem Wasser über Nacht einweichen. Am nächsten Tag die Bohnen in einem Topf mit Wasser bedecken, aufkochen und für 30 Minuten köcheln lassen. In der Zeit die Tomaten sowie die Zwiebeln würfeln. Den Knoblauch hacken. Danach die Bohnen abgießen. Öl in einer Pfanne erhitzen. Knoblauch und Zwiebeln darin dünsten. Alle Zutaten außer den Eiern hinzugeben. Das Ganze aufkochen und für 30 Minuten köcheln lassen. Mit Salz und Pfeffer abschmecken, die Nelke sowie das Lorbeerblatt entnehmen. Die Eier in einer separaten Pfanne mit Öl anbraten.

Omelette mit Kräutern

Zutaten für 4 Portionen:
2 EL Parmesan
12 Eier
2 EL Mehl
Salz und Pfeffer
12 EL Kräuter
1/8 L Milch
6 EL Butter

Zubereitung:
Die Butter in einer Pfanne schmelzen. Darin die Kräuter dünsten. Die Eier mit Parmesan, Milch, Mehl, Salz und Pfeffer verrühren. Den Teig über die Kräuter geben und verrühren. Das Omelette von beiden Seiten ausbacken.

Gefülltes Fladenbrot

Zutaten für 4 Portionen:
2 Fladenbrote
2 rote Paprikaschoten
4 Minzstängel
1 Zwiebel
100 g Joghurt
1 EL Olivenöl
2 Avocados
100 ml Gemüsefond
gemahlener Kreuzkümmel
Salz und Pfeffer
1 EL Zitronensaft
Zucker
2 EL Orangensaft
4 glatte Petersilienstängel
1 Knoblauchzehe

Zubereitung:
Die Paprika schälen, entkernen und in Streifen schneiden. Die Zwiebel schälen und in Streifen schneiden. Olivenöl erhitzen. Die Zwiebel darin andünsten. Danach die Paprika hinzugeben. Mit dem Fond ablöschen. Alles so lange köcheln lassen, bis die Flüssigkeit verdampft ist. Danach mit den Gewürzen würzen. Die Petersilie waschen und hacken. Diese zu der Paprika geben. Alles abkühlen lassen. Den Knoblauch schälen, fein hacken und mit dem Zitronensaft sowie dem Orangensaft vermischen. Mit Salz, Pfeffer und Kreuzkümmel abschmecken. Die Avocado schälen und das Fruchtfleisch würfeln. Die Avocado zu der Orangenmarinade geben und für 30 Minuten ruhen lassen. Den Joghurt mit Salz und Pfeffer verrühren. Die Minze hacken und hinzugeben. Die Brote kurz im Backofen erwärmen, halbieren und einschneiden. Zum Schluss das Brot füllen.

Überbackene Eier mit Brot

Zutaten für 2 Portionen:
rustikales Weizenbrot
2 Tomaten
1 Pk. Feta
1 Paprika
4 Eier
1 Paprika
Oregano
1 rote Zwiebel
Salz und Pfeffer
1 EL Öl
2 EL Tomatenmark

Zubereitung:
Die Paprika und die Tomaten waschen. Beides mit der Zwiebel würfeln. Öl in einer Pfanne erhitzen. Darin die Zwiebeln dünsten. Danach die Paprika hinzugeben. Zum Schluss die Tomaten mit dem Tomatenmark einrühren. Alles mit Salz, Pfeffer und Oregano würzen und umrühren. Danach in eine Schüssel geben. In dieselbe Pfanne die Eier schlagen und zu Spiegeleiern braten. Danach das Gemüse darübergeben. Den Feta halbieren. Die eine Hälfte grob über das Gemüse verteilen und die andere Hälfte fein. Die Pfanne verschließen und den Feta schmelzen lassen. Vor dem Servieren Oregano darüberstreuen und mit dem Brot servieren.

Mandel-Avocado-Häppchen

Zutaten für 4 Portionen:
1 TL Honig
1 Ciabatta-Brot
Salz und Pfeffer
2 TL Olivenöl
60 g Radieschen
1 Knoblauchzehe
1 Zitrone
1 Thymianzweig
200 g Lauchzwiebel
3 EL gestiftete Mandeln
300 g Avocado

Zubereitung:
Den Backofen auf 165 °C Umluft vorheizen. Die Mandelstifte für 5 Minuten im Backofen rösten. Das Brot in Scheiben schneiden. Den Knoblauch mit dem Öl mixen und die Brotscheiben damit beträufeln. Danach salzen und mit Thymianblättchen bestreuen. Das Ciabatta-Brot im Backofen für 10–15 Minuten rösten. In der Zeit die Avocado würfeln. Die Lauchzwiebeln waschen und in Ringe schneiden. Beides in eine Schüssel geben. Die Zitrone waschen, auspressen und abreiben. Den Zitronensaft sowie den Abrieb mit dem Honig zu der Avocado geben. Alles vermischen und mit Salz sowie Pfeffer würzen. Die Mandeln unterheben und alles zusammen auf die Brotscheiben geben. Die Radieschen waschen, hobeln und über die Brotscheiben geben.

Gemüse-Butter

Zutaten für 4 Portionen:
Salz
100 g kalte Butter
1/2 Bund Petersilie
5 Karotten

Zubereitung:
Die Karotten schälen, waschen und würfeln. Diese in Salzwasser dünsten und abschütten. Die Petersilienblätter waschen. Alle Zutaten pürieren und mit Salz würzen. Vor dem Servieren die Butter kaltstellen.

Mischbrot

Zutaten für 1 Brot:
800 ml lauwarmes Wasser
400 g Weizenmehl
½ EL Salz
400 g Roggenmehl
½ EL Zucker
200 g Weizenschrot
2 Pk. Trockengerm

Zubereitung:
Das gesamte Mehl mit dem Trockengerm und dem Zucker mischen. In dem Wasser das Salz auflösen. Das Salzwasser zu dem Mehl geben und kneten, bis es nicht mehr klebt. Danach den Teig in einen Römertopf geben und für 1,5 Stunden an einem warmen Ort gehen lassen. Danach den Topf in den Backofen geben und für 1 Stunde bei 200 °C backen.

Kartoffelbrötchen mit Zucker

Zutaten für 15 Portionen:
1/8 L Magermilch/250 g mehlige Kartoffeln
80 g fettarmer Joghurt/250 g Weizenmehl
1 Ei/250 g Weizenvollkornmehl
80 g Zucker/1 Pck. Trockengerm

Zubereitung:
Die Kartoffeln mit Schale für 20 Minuten dämpfen. Danach pellen und pressen. Danach den Zucker, den Germ, das Mehl, Ei und Joghurt hinzugeben. Ca. 100 ml Milch hinzugeben. Alles durchkneten und für 30–45 Minuten an einem warmen Ort gehen lassen. Anschließend Brötchen daraus formen und für 10 Minuten gehen lassen. Zum Schluss die Brötchen für 45 Minuten dämpfen.

Chili-Tortilla mexikanisch

Zutaten für 4 Portionen:
Olivenöl/400 g festkochende Kartoffeln
Salz und Pfeffer/6 Eier/1 rote Chilischote
1 rote Paprika/100 g gekochte Kidneybohnen
120 g gekochter Zuckermais

Zubereitung:
Die Kartoffeln schälen und in Scheiben schneiden. Diese in Öl anbraten und zur Seite stellen. Die Paprika würfeln und ebenso anbraten. Die Eier verquirlen. Die Kartoffeln, die Bohnen, den Mais und die Paprika hinzugeben. Die Chilischote entkernen und hacken. Die Kartoffelmischung mit dem Chili, Salz und Pfeffer würzen. In einer Pfanne die Hälfte der Masse in Öl von beiden Seiten anbraten. Die fertigen Tortilla in Viertel schneiden und servieren.

Tomaten-Mozzarella-Ciabatta

Zutaten für 4 Portionen:
etwas Zucker/1/4 kg gewürfelte Tomaten
1 Laib Ciabatta/2 Knoblauchzehen
etwas Olivenöl/Salz und Pfeffer
1 Handvoll gehacktes Basilikum
1 Msp. Paprikapulver/1–2 Pk. Mozzarella

Zubereitung:
Die Tomaten und den Knoblauch in Olivenöl anbraten. Alles mit Salz, Zucker, Paprikapulver, Basilikum und Pfeffer abschmecken. Alles für 5 Minuten ziehen lassen. Das Ganze auf das Ciabatta legen. Den Mozzarella klein schneiden und darauf verteilen. Vor dem Servieren Basilikum darüberstreuen.

Herzhafte Muffins mit Zwiebeln

Zutaten für 12 Portionen:
Butter/1 Zwiebel/Salz
100 g Dinkelmehl/200 g geriebener Käse
80 ml Pflanzenöl/200 g Buttermilch
1/2 TL Natron/2 TL Backpulver/1 Ei

Zubereitung:
Die Muffinform ausfetten. Den Backofen auf 200 °C vorheizen. Die Zwiebel schälen und würfeln. Das Ei verquirlen. Öl und Buttermilch hinzugeben. Die Zwiebel sowie 3/4 des Käses hinzugeben. Danach die Mehlsorten, das Natron und das Backpulver unterrühren. Den Teig zu 2/3 in die Muffinformen geben. Darauf den restlichen Käse streuen. Die Muffins für 15–20 Minuten backen. Vor dem Servieren die Muffins für 10 Minuten auskühlen lassen.

Curry-Frischkäse

Zutaten für 4 Portionen:
Curry
2 Lauchzwiebeln
Salz und Pfeffer
5 getrocknete Aprikosen
200 g körniger Frischkäse

Zubereitung:
Die Lauchzwiebeln waschen und in Ringe schneiden. Die Aprikosen würfeln. Beides mit dem Frischkäse vermischen und mit Salz, Pfeffer sowie dem Curry abschmecken.

Amaranth-Quinoa-Mischbrot

Zutaten für 15 Portionen:
1/2 TL Kümmel/100 g Quinoa
1 TL gemahlener Koriander
50 g Amaranth/300 g Dinkelmehl
300 ml Milch/200 g Roggenmehl
1/2 TL Zucker/1 Würfel Hefe/1 1/2 TL Salz

Zubereitung:
In einer Pfanne Quinoa und Amaranth rösten. Danach 100 ml Milch und 300 ml Wasser sowie das Salz hinzugeben. Alles für ca. 25 Minuten kochen lassen. Die restliche Hafermilch mit Zucker erwärmen. Darin die Hefe verrühren. Die Amaranth-Quinoa-Mischung abgießen und zusammen mit beiden Mehlsorten sowie den Gewürzen zu der Hefe geben. Alles verkneten und für ca. 30 Minuten an einem warmen Ort gehen lassen. Eine Kastenform einfetten und den Teig hineingeben. Das Ganze nochmals ca. 45 Minuten gehen lassen. Danach für ca. 40 Minuten bei 200 °C Umluft backen.

Blaubeeren-Quinoa

Zutaten für 2 Personen:
1/2 TL Vanilleextrakt
50 g Rosinen
1 Tasse Quinoa
1 TL Zimtpulver
1 kleiner Apfel, in Würfel geschnitten
750 ml ungesüßte Mandelmilch
1 Tasse Blaubeeren (alternativ Himbeeren oder Erdbeeren)
1 Handvoll Sonnenblumenkerne
Apfeldicksaft
1 Handvoll Walnüsse

Zubereitung:
Zunächst wird die Quinoa mit der Mandelmilch und dem Zimt in einen Topf gegeben. Danach wird alles zum Kochen gebracht. Sobald der Inhalt aufkocht, wird der Topf abgedeckt. Nun wird die Herdplatte auf kleine Flamme gestellt, sodass der Inhalt leicht köchelt. Alles ab und zu gut umrühren, damit nichts anbrennt. Nachdem alles nochmals für 5 Minuten geköchelt hat, werden die Apfelwürfel und die Rosinen hinzugegeben. Danach muss alles nochmals für 5 Minuten weiter köcheln. Nach Ablauf der 5 Minuten wird der Topf vom Herd genommen, damit der Inhalt bei geschlossenem Deckel ziehen kann. Nun wird alles mit dem Apfeldicksaft abgeschmeckt und die Beeren sowie die Nüsse werden eingerührt. Danach kann die Blaubeeren-Quinoa serviert werden.

Müsli mit Crunch

Zutaten für 2 Personen:
2 Datteln
2 reife Bananen
Saft einer halben Zitrone
2 Äpfel
1 EL Agavendicksaft
4 TL Erdmandelflocken
6 Walnusshälften

Zubereitung:
Zuerst werden die Bananen und die Äpfel geschält. Die Bananen werden anschließend in Scheiben und die Äpfel in kleine Stücke geschnitten. Das geschnittene Obst wird in einer Schüssel zur Seite gestellt. Ebenso werden die Datteln klein geschnitten und die Walnusshälften grob gehackt. Nun werden die grob gehackten Walnusshälften mit dem Agavendicksaft in eine beschichtete Pfanne gegeben und kurz angeröstet. Danach werden die Walnusshälften zusammen mit den Erdmandelflocken, dem Zitronensaft und den Datteln unter das Obst gemischt.

Die fruchtige Bombe

Zutaten für 2 Personen:

1/2 Ananas
1 Birne
2 Kiwis
2 Karotten

Zubereitung:

Die Ananas wird geschält und in Stücke geschnitten. Die Stücke sollten später in einen Entsafter passen. Die Karotten werden mit einer Gemüsebürste unter fließendem Wasser abgebürstet und ebenfalls in Stücke für den Entsafter geschnitten. Ebenso wird auch die Kiwi geschält und gegebenenfalls in Stücke für den Entsafter geschnitten. Die Birne wird gründlich gewaschen und entkernt. Danach wird sie in grobe Schnitzel geschnitten. Nun wird der Obstsaft durch den Entsafter gepresst. Diesen in ein Glas füllen und die fruchtige Bombe genießen.

Porridge mit Erdmandeln

Zutaten für 1 Person:
1 TL geschroteter Leinsamen
4 EL Bio-Erdmandelflocken
2 getrocknete, ungeschwefelte Feigen
100 ml heißes Quellwasser (alternativ heiße Mandelmilch)
1/2 Apfel
1 Banane

Zubereitung:
Die Erdmandelflocken werden mit dem heißen Wasser übergossen, umgerührt und zum Aufquellen zur Seite gestellt. In der Zwischenzeit kann die Banane geschält und mit einer Gabel zerdrückt werden. Der Apfel wird gewaschen und fein gerieben. Die Feigen werden ebenfalls klein geschnitten. Zum Schluss werden die zerdrückten Bananen, der geriebene Apfel und die Feigen zusammen mit dem Leinsamen zu dem Erdmandelflocken-Porridge gegeben. Zum Servieren wird das Porridge in einer Schüssel angerichtet.

Porridge mit Apfel

Zutaten für 1 Portion:
Kardamom
3 EL Buchweizen
1 Apfel
2 EL Haferflocken
Zimt
2 EL Mandeln
Milch

Zubereitung:
Die Mandeln werden grob gehackt und mit dem Buchweizen in etwas Wasser über Nacht eingeweicht und am nächsten Tag durch ein Sieb gespült. Die Mandeln und der Buchweizen werden nun mit der Milch und den Haferflocken in einen Topf gegeben. Alles wird auf kleiner Flamme bei geschlossenem Topf erwärmt. In der Zwischenzeit wird der Apfel gerieben und kann zum Porridge gegeben werden. Zum Schluss alles mit Kardamom und Zimt abschmecken und warm servieren.

Porridge mit Kokos und Himbeeren

Zutaten für 2 Personen:
Salz
150 g Himbeeren
6 EL Haferflocken
150 g rote Johannisbeeren
350 ml Milch
50 g Kokosraspeln
1 EL Reissirup

Zubereitung:
Zuerst werden die guten Himbeeren und Johannisbeeren aussortiert. Danach werden sie gewaschen, vorsichtig trocken getupft und in eine Schüssel gegeben. Nun werden die Himbeeren und die Johannisbeeren vermischt und zur Seite gestellt. Die Milch wird zusammen mit den Haferflocken, den Kokosraspeln und einer Prise Salz in einen Topf gegeben. Alles kurz unter Rühren aufkochen lassen. Danach wird das Porridge zum Abkühlen vom Herd genommen. Zum Servieren wird das Porridge abwechselnd mit der Beerenmischung in einem Glas geschichtet. Wer möchte, kann alles mit Minzblättern garnieren.

Ingwer-Gurken-Smoothie

Zutaten für 1 Portion:
1 EL Leinöl/1/2 Gurke
2 Handvoll Feldsalat/Wasser nach Belieben
2–3 säuerliche Äpfel/1 Stück Ingwer, fingerlang
1 Handvoll Romanasalat

Zubereitung:
Zuerst werden das Obst, die Gurke und die Salatblätter gewaschen. Die Äpfel werden anschließend geviertelt und entkernt. Der Ingwer wird grob gehackt. Alle Zutaten werden anschließend in ein hohes Gefäß gegeben und mit einem Stab- oder Standmixer püriert.

Omelette mit Tomaten

Zutaten für 2 Personen:
2 EL Rapsöl/1 Schalotte
Salz und Pfeffer/2 EL Mineralwasser
2 getrocknete Tomaten/3 Eier
2 frische Tomaten

Zubereitung:
Die Schalotte wird abgezogen und gewürfelt. Die getrockneten Tomaten werden in feine Scheiben geschnitten. Die frischen Tomaten werden gewaschen, halbiert und entkernt. Danach werden sie in feine Würfel geschnitten. Nun werden die Eier mit Salz, Pfeffer und dem Mineralwasser verquirlt. In einer Pfanne das Öl erhitzen und die Schalotten darin goldgelb anbraten. Danach wird die Eimasse hinzugegeben und mit den Tomaten bestreut. Bei milder Hitze muss das Ei nun stocken. Danach kann das fertige Omelett halbiert und auf zwei Tellern angerichtet werden.

Brennnesselsamen-Soja-Joghurt

Zutaten für 1 Portion:
1 EL Brennnesselsamen
1 EL Weizenkeimöl
75 g Heidelbeeren (frisch oder tiefgekühlt)
1 TL Hagebuttenpulver
200 g Joghurt
1 Messerspitze Kurkuma
1 EL Leinsamen
1 EL Leinöl

Zubereitung:
Die Heidelbeeren werden abgespült und trocken getupft. Tiefgekühlte Heidelbeeren müssen aufgetaut werden. Der Joghurt wird mit dem Öl glattgerührt. Die Mischung kann mit etwas Wasser cremiger gemacht werden, falls das Öl als Flüssigkeit nicht ausreicht. In den Joghurt werden nun der Kurkuma, das Hagebuttenpulver und die Brennnesselsamen untergerührt. Zum Servieren werden die Heidelbeeren darüber gegeben.

Bananen-Nuss-Brei

Zutaten für 1 Portion:
1 EL Leinöl/30 g Erdmandelflocken
30 ml Milch
1 Banane
80 ml Cashewmilch

Zubereitung:
Zuerst die Banane zerdrücken. Danach die Erdmandelflocken untermischen. Das Ganze mit der Milch und Cashewmilch verrühren. Zum Schluss noch das Leinöl unterrühren.

Apfel-Nuss-Müsli

Zutaten für 1 Portion:
1 Becher Joghurt/1 Apfel
1 EL Kürbiskerne
2 EL Erdmandelflocken
4 Mandeln
2 Walnüsse

Zubereitung:
Den Apfel waschen und klein würfeln. Die Walnüsse und die Mandeln klein hacken. Beides mit dem Apfel vermischen. In einer Pfanne die Kürbiskerne ohne Fett rösten und ebenfalls zu dem Apfel geben. Anschließend die Erdmandelflocken untermischen. Das Ganze zum Schluss mit dem Joghurt verrühren.

Frucht-Bowl

Zutaten für 1 Portion:
2 EL Hanfmehl
1 Avocado
1 Banane
1 grüner Apfel

Zubereitung:
Die Avocado halbieren und den Stein entfernen. Das Fruchtfleisch der Avocado mit der Banane pürieren. Danach das Hanfmehl hinzugeben und verrühren. Den Apfel klein würfeln und hinzugeben Alles nochmals vermischen.

Aprikosen-Quinoa-Brei

Zutaten für 3 Portionen:
1 EL Kürbiskerne
100 g Quinoa
300 ml Milch
6 Aprikosen

Zubereitung:
Zuerst die Quinoa waschen und abtropfen lassen. Die Milch aufkochen und die Quinoa für ca. 10 Minuten darin garen. In der Zeit die Aprikosen halbieren und den Stein entfernen. Das Fruchtfleisch der Aprikose pürieren. Die fertige Quinoa in eine Schüssel geben und mit den pürierten Aprikosen vermischen. Zum Schluss die Kürbiskerne hacken und in einer Pfanne ohne Fett rösten. Diese über den Aprikosen-Quinoa-Brei streuen.

Erdmandelbrei

Zutaten für 1 Portion:
1 Prise Zimt
60 g Erdmandelflocken
1 TL Rohkakao
100 ml Reismilch

Zubereitung:
Die Reismilch aufkochen lassen und die Erdmandelflocken unter Rühren hineingeben. Das Ganze für ca. 10 Minuten quellen lassen. Zum Schluss mit dem Kakao und dem Zimt abschmecken.

Quinoabrei mit Kirschen

Zutaten für 2 Portionen:
1 EL Agavendicksaft
100 g Quinoa
300 ml Lupinendrink
50 g gefrorenen Kirschen

Zubereitung:
In einem Topf den Lupinendrink aufkochen lassen. Dann die Quinoa hinzugeben und bei mittlerer Hitze für ca. 10 Minuten köcheln lassen. Danach den Topf von der Herdplatte nehmen und die gefrorenen Kirschen untergeben. Mit dem Agavendicksaft das Ganze zum Schluss abschmecken.

Mandel-Pfannkuchen

Zutaten für 1 Portion:
Kokosöl
50 g Mandelmehl
2 TL Kokosblütenzucker
20 g Kokosmehl
2 EL Mandelmus
20 g Rohkakao
200 ml Milch

Zubereitung:
Den Kakao mit den beiden Mehlsorten vermischen. Danach den Kokosblütenzucker und die Milch hinzugeben und gut verrühren. In einer Pfanne das Kokosöl erhitzen und den Teig portionsweise zu Pfannkuchen ausbacken. Die fertigen Pfannkuchen mit dem Mandelmus bestreichen.

Himbeer-Mandelbrei

Zutaten für 1 Portion:
1 TL Kokosblütenzucker
75 g Quinoa
1 EL Mandelhobel
20 g gemahlene Mandeln
50 ml Sahne
50 g gefrorene Himbeeren
200 ml Reisdrink

Zubereitung:
In einem Topf den Reisdrink erhitzen. Die Quinoa für ca. 10 Minuten darin köcheln lassen. Danach die gemahlenen Mandeln, die Sahne und den Kokosblütenzucker unterrühren. Das Ganze kurz quellen lassen. Zum Schluss die gefrorenen Himbeeren unterheben und mit den Mandelhobeln garnieren
.

Nuss-Frucht-Müsli

Zutaten für 1 Portion:
1 Becher Joghurt
10 g gefoppter Amaranth
10 g ungesüßte Bananenchips
10g gepoppte Quinoa
10 g getrocknete Äpfel
10 g gehackte Mandeln
10 g gehackte Walnüsse

Zubereitung:
Außer dem Joghurt alle Zutaten miteinander vermischen. Zum Schluss den Joghurt hinzugeben und alles verrühren.

Gemüse-Frucht-Smoothie

Zutaten für 1 Portion:
1 TL Kokosblütenzucker
1 Birne
100 ml Milch
1 Karotte

Zubereitung:
Die Birne schälen und halbieren. Anschließend das Kerngehäuse entfernen. Die Karotte klein würfeln. Die Birne und die Karotte in einen Mixer geben und mixen. Danach die Milch hinzugeben und nochmals alles durchmixen. Mit dem Kokosblütenzucker den Smoothie abschmecken.

Fruchtiger Kokosshake

Zutaten für 1 Portion:
1 EL Kokosraspeln
1/2 Babyananas
50 ml Kokosmilch
1 Banane
100 ml Orangensaft

Zubereitung:
Die Banane sowie die Ananas schälen und beide in Stücke schneiden. Das Ganze in einem Mixer pürieren. Danach den Orangensaft und die Kokosmilch hinzugeben und nochmals durchmixen. Zum Schluss die Kokosraspeln unterheben.

Frucht-Joghurt-Drink

Zutaten für 1 Portion:
1 EL Kokosmus
1 Banane
100 g Joghurt
50 g Sauerkirschen
100 ml Reisdrink

Zubereitung:
Die Banane schälen und klein schneiden. Die Kirschen entkernen und die Stiele entfernen. Beides in einen Mixer geben und mixen. Danach den Reisdrink und das Kokosmus hinzugeben und nochmals mixen. Zum Schluss den Joghurt unterheben.

Orangener Smoothie

Zutaten für 1 Portion:
250 ml Milch
1 Pfirsich
4 Aprikosen

Zubereitung:
Die Früchte waschen und halbieren. Die Steine und die Kerne entfernen. Danach das Obst pürieren und die Milch hinzugeben. Das Ganze nochmals gut miteinander mixen.

Mandel-Frucht-Smoothie

Zutaten für 1 Portion:
1 TL Mandelmus
1 Apfel
100 ml Mandelmilch
100 g Süßkirschen

Zubereitung:
Das Obst waschen und von Kernen und Stielen befreien. Den Apfel klein schneiden und zusammen mit den Kirschen mixen. Danach die Mandelmilch und das Mandelmus hinzugeben und nochmals alles gut miteinander mixen.

Hefefreies Dinkelbrot

Zutaten für 1 Brot:
Olivenöl
500 g Dinkelmehl (Typ 630)
100 g Kürbiskerne
1/2 TL Salz
100 g Leinsamen
1/2 L lauwarmes Wasser
1 Pk. Weinsteinbackpulver
1 TL Brotgewürzmischung

Zubereitung:
Das Backpulver mit dem Mehl vermischen. Danach das Brotgewürz, die Leinsamen und die Kürbiskerne untermischen. Anschließend das Wasser hinzufügen und alles miteinander verkneten. Eine Kastenform mit dem Olivenöl einpinseln und den Teig hineingeben. Danach die Teigoberfläche nochmals mit etwas Wasser bepinseln. Das Brot für 60 Minuten bei 200 °C Ober- / Unterhitze backen.

Fruchtbrei mit Granatapfelkernen

Zutaten für 2 Portionen:
1 Granatapfel
100 g Buchweizen
100 ml Milch
2 Birnen
2 TL Zitronensaft
1 Banane
2 TL Mandelmus
1 Apfel
2 TL Süßlupinenmehl nach Bedarf
1 Handvoll Rosinen

Zubereitung:
Für 1 Stunde den Buchweizen in Wasser einweichen lassen. Danach durch ein Sieb schütten und abspülen. Damit der Buchweizen keimen kann, das Sieb über eine Schüssel geben und morgens sowie abends unter Wasser abspülen. Sobald der Buchweizen keimt, 3–4 EL auf ein Backblech geben und für ca. 3–4 Stunden bei 50 °C Umluft im Backofen trocknen lassen. Den restlichen Buchweizen mit dem Mehl, dem Zitronensaft, den Rosinen und dem Mandelmus sowie der Milch in einen Mixer geben. Von dem Apfel und den Birnen das Kerngehäuse entfernen. Das ganze Obst klein schneiden und zu der Buchweizenmischung geben. Alles gut vermixen. Wenn der Brei zu fest ist, kann er mit etwas Mandelmilch verdünnt werden. Aus dem Granatapfel die Kerne lösen. Den fertigen Brei in eine Schüssel geben und die Granatapfelkerne sowie die abgekühlten Buchweizenkörner darauf verteilen.

Fruchtmüsli

Zutaten für 1 Portion:
2–3 EL Haferflocken (alternativ Granola)
1 kleine Banane
einige Blaubeeren
1 säuerlicher Apfel
1 Saftorange

Zubereitung:
Zuerst die Orange auspressen. Die Banane in Scheiben schneiden und vorsichtig mit dem Orangensaft vermischen. Den Apfel waschen und in kleine Würfel schneiden. Den Apfel zusammen mit den Blaubeeren unter die Banane mischen. Zum Schluss die Haferflocken unterheben.

Frucht-Porridge

Zutaten für 1 Portion:
1 Handvoll frisches Obst (alternativ getrocknete Früchte)
3–4 EL geleimte Haferflocken
1 TL gehackte Mandeln
100 ml Milch
1 TL Sesamsaat
1 Prise Salz

Zubereitung:
Die Milch erhitzen und die Haferflocken einrühren. Danach den Brei für ca. 3–5 Minuten bei geringer Hitze köcheln lassen. Den Topf vom Herd nehmen und den Brei mit dem Salz würzen. Das Obst in kleine Stücke schneiden und unter den Brei heben.

Bananenbrei

Zutaten für 1 Portion:
Vanille oder Zimt
300 ml Mandelmilch
1 Banane
4 EL gemahlene Erdmandeln
2 EL Lupinenprotein Vanille

Zubereitung:
In einem Topf die Mandelmilch mit dem Lupinenprotein und den Erdmandeln aufkochen lassen. Das Ganze für 5–7 Minuten köcheln lassen. In der Zeit die Banane zerdrücken. Die zerdrückte Banane unter den Brei heben. Zum Schluss das Ganze mit Vanille oder Zimt abschmecken.

Aprikosen-Zimt-Brei

Zutaten für 2 Portionen:
1 Prise Salz
120 g Hirse
1/3 TL Zimt
150 ml Milch
2 EL geschrotete Leinsamen
200 ml Wasser
1 EL Sesam
1 Apfel
2 EL Kokosflocken
4 getrocknete, ungeschwefelte Aprikosen

Zubereitung:
Zuerst die Hirse waschen und abspülen. Die Milch mit dem Wasser, dem Sesam, den Leinsamen, der Hirse und dem Salz aufkochen. In der Zeit den Apfel waschen und das Kerngehäuse entfernen. Das Fruchtfleisch in Stücke schneiden und ebenfalls zu der Milch geben. Die Aprikosen klein schneiden und einrühren. Das Ganze bei schwacher Hitze für 5–6 Minuten köcheln lassen. Anschließend alles für ca. 10 Minuten zum Quellen zur Seite stellen. In einer anderen Pfanne die Kokosflocken rösten. Zum Schluss die Kokosflocken und den Zimt unterheben.

Grüner Gemüse-Smoothie

Zutaten für 1 Portion:
6-8 Eiswürfel
1 Avocado
1 Pk. Stevia
1/2 englische Gurke
1 TL Super-Green Grünpulver
1 kleine Tomate
2 TL Sojasprossen-Pulver
1 Limette
2 Tassen frischer Spinat

Zubereitung:
Zuerst die Limette schälen. Die Avocado halbieren und den Stein entfernen. Alles in einen Mixer geben und vermischen.

Pikanter Smoothie

Zutaten für 1 Portion:
Eiswürfel/1 kleine Gurke
1 Prise Salz und Pfeffer
1 Stange Sellerie
1/2 Chilischote
4 Roma Tomaten
1 Zitrone (alternativ 2 Limetten)

Zubereitung:
Das Gemüse klein schneiden und in einem Mixer pürieren. Von der Zitrone den Saft auspressen und zum Gemüse geben. Die Chilischote hacken und zusammen mit Salz und Pfeffer hinzufügen. Alles nochmals mixen. Eiswürfel in Gläser füllen und den Smoothie auf diese verteilen.

Gemüsesaft

Zutaten für 1 Portion:
3 Karotten
1 mittelgroße Gurke
1 mittelgroße Rote Beete
1 grüne Paprika
2 Tomaten

Zubereitung:
Das Gemüse klein schneiden und mit dem Entsafter den Saft auspressen. Mit Wasser kann der Gemüsesaft verdünnt werden.

Gemüse-Minz-Smoothie

Zutaten für 1 Portion:
2–3 Minzblätter
2 Karotten
3 Eiswürfel
1 Grapefruit
100 ml reines Wasser

Zubereitung:
Die Karotten und die Grapefruit schälen. Beides in einen Mixer geben. Den Smoothie mit dem Wasser verdünnen und die Minzblätter sowie Eiswürfel hinzugeben.

Tofu-Smoothie mit Gemüse

Zutaten für 1 Portion:
3–4 Eiswürfel
200 g Tofu
1 Avocado
ungesüßte Sojamilch
1 Limette
1 Handvoll frische Spinatblätter
1 kleine Gurke

Zubereitung:
Die Avocado halbieren und den Stein entfernen. Anschließend die Avocado und die Limette schälen. Deren Fruchtfleisch in Stücke schneiden. Die Gurke und den Tofu in Würfel schneiden. Alles in einen Mixer geben und pürieren.

Kokos-Frucht-Müsli

Zutaten für 1 Portion:
200 ml Mandelmilch
1 EL Leinsamen
1 Pfirsich
1 EL Quinoakeime
1 Mandarine
30 g Kokosflocken

Zubereitung:
Die Quinoakeime und die Leinsamen abspülen. Die Kokosflocken mit der Mandelmilch verrühren. Den Pfirsich waschen und entkernen. Die Mandarine schälen. Diese mit dem Pfirsich in kleine Stücke schneiden. Zum Schluss alles miteinander vermischen.

Früchtemüsli mit Zimt

Zutaten für 1 Portion:
1 TL Carobpulver
50 g frische Papaya
1 Msp. Zimt
50 g frische Avocado
1 EL Chufas-Nüssli
1 eingeweichte Feige
1–2 TL Acerolapulver
1 eingeweichte Dattel
2–3 TL Spirulinapulver
1 kleine Banane

Zubereitung:
Die Trockenfrüchte einweichen, anschließend mit dem Einweichwasser, dem Spirulinapulver, dem Carobpulver, der Papaya und dem Zimt pürieren. Das Chufas-Nüssli in eine Schüssel geben und das Trockenfrüchtepüree darübergeben. Alles gut miteinander verrühren. Die Banane in Scheiben schneiden und mit dem Acerolapulver darüber verteilen. Zum Schluss alles nochmals vermischen.

Lauchgrütze

Zutaten für 1 Portion:
1 Prise Kristallsalz
100 g zarter Lauch
1 Msp. Miso
30 g Buchweizen-Grütze
5 g Sonnenblumenöl
8–10 EL Gemüsebrühe ohne Hefe (alternativ Wasser)

Zubereitung:
Unter Rühren die Grütze in kochendes Wasser geben und bei geringer Hitze quellen lassen. In der Zeit den Lauch fein schneiden und in wenig Wasser dämpfen. Danach den Lauch unter die Buchweizengrütze mischen und alles vom Herd stellen. Das Ganze zum Schluss mit dem Öl, dem Miso, der Gemüsebrühe und dem Salz abschmecken.

Bunter Frühstücksbrei

Zutaten für 1 Portion:
einige Rosinen oder Trockenfrüchte
1 Karotte
Walnüsse nach Bedarf
1 Apfel
1 Banane

Zubereitung:
Die Karotte und den Apfel schälen. Den Apfel vom Kerngehäuse befreien. Das Fruchtfleisch des Apfels, die Karotte und die Banane in grobe Stücke schneiden. Alle Zutaten zusammen pürieren.

Pflaumen-Smoothie mit Walnüssen

Zutaten für 2 Portionen:
250 ml Einweichwasser der Pflaumen
8 Pflaumen
40 ml Kirschsaft
300 ml Wasser
4 TL Leinsamen
1 Banane
12 Walnüsse

Zubereitung:
Die Pflaumen in dem Wasser einweichen lassen. Danach alle Zutaten miteinander pürieren.

Hauptspeise

Gemüsenudeln mit Nüssen

Zutaten für 4 Personen:
2 EL gehackte Petersilie
3 L Wasser
40 g Walnüsse
3 TL Meersalz
50 g geriebener Gouda
300 g Nudeln
Salz und Pfeffer
2 Knoblauchzehen
Muskatnuss/100 g Zwiebeln
1/2 TL Gemüsebrühepulver
150 g Möhren750 ml Sahne
250 g Rosenkohl
150 ml Milch
2 EL Butter

Zubereitung:
Das Wasser zum Kochen bringen und salzen. Darin die Nudeln garen und abschütten. Den Knoblauch klein schneiden. Die Zwiebeln und die Möhren würfeln. Den Rosenkohl halbieren. Die Butter erwärmen. Den Knoblauch und die Zwiebeln darin anbraten. Danach die Möhren und den Rosenkohl hinzugeben. Mit der Sahne, der Milch und dem Gemüsebrühepulver ablöschen. Das Gemüse bei geschlossenem Deckel für 5–8 Minuten garen. Mit Salz, Pfeffer und Muskatnuss abschmecken. Zum Schluss die Walnüsse und den Gouda unterheben. Zum Servieren die Nudeln mit dem Gemüse anrichten und die Petersilie darüberstreuen.

Herzhafte Nudeln mit Erdbeeren

Zutaten für 2 Portionen:
200 g Dinkelnudeln
50 g Rucola
350 g grüner Spargel
1 Knoblauchzehe
150 g Erdbeeren
30 g Parmesan
Salz und Pfeffer
20 g Mandeln
Olivenöl

Zubereitung:
Den Rucola waschen, den Knoblauch schälen und den Parmesan reiben. Alles mit den Mandeln und dem Olivenöl pürieren. Mit Salz und Pfeffer abschmecken. Die Erdbeeren und den Spargel waschen. Die Erdbeeren in Scheiben schneiden. Von dem Spargel die Enden abschneiden. Den Rest in Stücke schneiden. In einer Pfanne Öl erhitzen. Darin den Spargel für 10 Minuten braten. Die Nudeln nach Packungsanweisung kochen und abgießen. Die Nudeln mit dem Rucolapesto, Spargel und den Erdbeeren mischen.

Spaghetti mit Mascarpone-Wirsing

Zutaten für 2 Portionen:
1 Ei
350 g Wirsing
1/2 TL Salz und Pfeffer
1 Schalotte
50 g Cranberrys
1/2 TL Kreuzkümmel
180 g Vollkornspaghetti
50 g Pecorino
1/2 L Gemüsebrühe
100 g Mascarpone

Zubereitung:
Den Wirsing waschen und zerkleinern. Die Schalotte schälen und in Würfel schneiden. Den Kreuzkümmel mörsern. Den Pecorino reiben. Die Mascarpone mit der Gemüsebrühe verrühren und in eine Pfanne geben. Den Wirsing, die Spaghetti, den Kümmel, die Schalotten, Salz, Pfeffer und die Cranberrys hineingeben. Alles für ca. 8 Minuten kochen lassen. Den Pecorino mit dem Ei verquirlen und unterheben.

Spinatnudeln mit Champignons

Zutaten für 4 Portionen:
500 g Nudeln
200 g Babyspinat
1 EL Cashewmus
400 g braune Champignons
100 ml Gemüsebrühe
4 Schalotten
200 ml Sahne
1 Knoblauchzehe
Salz und Pfeffer
2 EL Olivenöl

Zubereitung:
Den Spinat, die Schalotten und die Champignons waschen. Die Champignons vierteln. Den Knoblauch schälen und mit den Schalotten würfeln. Öl in einer Pfanne erhitzen. Die Pilze für 3 Minuten anbraten. Danach den Knoblauch und die Schalotten hinzugeben. Alles mit Salz und Pfeffer würzen. Alles mit der Sahne sowie der Gemüsebrühe ablöschen. Danach das Cashewmus unterrühren. Das Ganze nochmals für 5 Minuten köcheln lassen. In der Zeit die Nudeln in Salzwasser kochen. Den Spinat unter die Soße geben und nochmals erwärmen. Zum Schluss die Nudeln mit der Soße vermischen und anrichten.

Spaghetti mit Kokos-Wirsing

Zutaten für 4 Portionen:
100 g frisch geriebene Kokosnuss
500 g Dinkelspaghetti
Saft und Abrieb einer 1/2 Zitrone
2 Zwiebeln
Pfeffer
1 Knoblauch
60 g Kokosmus
1/2 Kopf Wirsing
400 ml Kokosmilch
1 EL Pflanzenmargarine
1 TL Gemüsebrühepulver

Zubereitung:
Die Spaghetti nach Packungsanweisung kochen, abgießen und abtropfen lassen. Dabei ca. 250 ml Wasser auffangen. Die Zwiebeln und den Knoblauch würfeln. Den Wirsing waschen und die Blätter in Streifen schneiden. Dabei den Strunk entfernen. In einem Topf die Margarine schmelzen und die Zwiebeln sowie den Knoblauch andünsten. Danach den Wirsing hinzugeben und für 5 Minuten anbraten. Alles gelegentlich umrühren. Das Gemüsebrühepulver darüberstreuen. Mit der Kokosmilch und dem Nudelwasser ablöschen. Das Kokosmus hinzugeben und bei geschlossenem Deckel für 5 Minuten garen. Zum Schluss den Wirsing hinzugeben. Alles mit Pfeffer, Zitronensaft und Zitronenabrieb abschmecken. Vor dem Servieren die Spaghetti unterheben und die Kokosraspeln darüberstreuen.

Tofu-Wraps mit Hummus

Zutaten für 4 Portionen:
400 g Hummus
Für die Wraps:
400 g gemischter Frühlingssalat
4 EL gemischte Saaten
4 Weizentortillas
400 g Natur-Tofu
3 Schalotten
1 1/2 EL Rapsöl
2 Karotten

Zubereitung:
In einer Pfanne die Saaten ohne Fett rösten. Den Tofu in Streifen schneiden, hinzugeben und von allen Seiten anbraten. Die Karotten in Streifen schneiden. Die Schalotten in Scheiben schneiden. Die Tortillas mit Hummus bestreichen. Darauf den Tofu und das Gemüse sowie den Salat und die Saaten verteilen. Zum Schluss alles zusammenrollen.

Fruchtiger Chicorée

Zutaten für 2 Portionen:
1 Handvoll Portulak
1 Grapefruit
1/4 Bund frische Petersilie
4 Chicorée
400 g Kartoffeln
75 g Butter
Salz und Pfeffer
50 g gehackte Haselnüsse

Zubereitung:
Die Grapefruit schälen und filetieren. Den Chicorée waschen und den Strunk entfernen. Danach den Chicorée halbieren. In einer Pfanne die Butter schmelzen. Den Chicorée mit der Schnittfläche nach unten in die Pfanne geben. Danach die Haselnüsse hinzugeben und bei geschlossenem Deckel für 15–20 Minuten schmoren. Nach 10–15 Minuten die Grapefruit hinzugeben und alles mit Salz und Pfeffer würzen. In der Zeit die Kartoffeln schälen und in Salzwasser für 15–20 Minuten garen. Die Petersilie hacken. Den Chicorée auf einem Teller mit der Soße anrichten. Die Kartoffeln in derselben Pfanne schwenken und mit Petersilie bestreuen. Alles zu dem Chicorée geben und servieren.

Obst-Gemüse-Käse-Pommes

Zutaten für 4 Portionen:
1 Zweig Rosmarin
500 g mehligkochende Kartoffeln
5 Thymianzweige
500 g Kürbis
2 Lorbeerblätter
2 Birnen
100 g Weintrauben
2 EL Pflanzenöl
250 g Raclettekäse (am Stück)
Salz und Pfeffer

Zubereitung:
Die Kartoffeln waschen und den Kürbis schälen. Beides in Spalten schneiden. Die Birnen waschen, entkernen und ebenfalls in Spalten schneiden. Den Backofen auf 200 °C (Ober- / Unterhitze) vorheizen. Alles in eine Schüssel geben und mit dem Öl vermischen. Danach mit Salz und Pfeffer würzen. Das Ganze auf einem Backblech verteilen und für 30 Minuten in den Backofen geben. Danach den Käse reiben und die Trauben waschen. Die Kräuter, den Käse und die Trauben über das Gemüse geben. Alles nochmals 15–20 Minuten backen.

Nudeln mit Erdbeeren-Spargel

Zutaten für 4 Portionen:
4–6 EL frisch geriebener Parmesan
30 g Pinienkerne
1 TL rosa Pfefferbeeren
500 g grüner Spargel
4 EL Zitronensaft
300 g Erdbeeren
6–8 EL Olivenöl
Salz
1 kleine rote Chilischote
400 g Nudeln

Zubereitung:
In einer Pfanne ohne Fett die Pinienkerne rösten. Den Spargel putzen und die unteren Enden entfernen. Danach den Spargel in dünne Streifen schälen. Die Erdbeeren in Scheiben schneiden. Die Chilischote entkernen und hacken. Die Nudeln in Salzwasser kochen und abschütten. Dabei etwas Nudelwasser auffangen. Die fertigen Nudeln in einem Topf mit dem Zitronensaft, Olivenöl, Erdbeeren, Chili und Spargel vermischen. Alles kurz erhitzen und portionsweise Nudelwasser hinzugeben. Zum Schluss mit Salz abschmecken und anrichten. Mit den Pfefferbeeren und dem Parmesan garnieren.

Frittierte Avocado

Zutaten für 4 Portionen:
400 ml Öl zum Frittieren
70 g Weizenmehl
2 Avocados
6 EL Weizenmehl
Salz und Pfeffer
60 g Speisestärke
100 g Joghurt
1 TL Weinsteinbackpulver
100 g Mayonnaise
200 ml kaltes Bier
2 EL Zitronensaft
3 Stängel Dill
3 Stängel Koriander
3 Stängel Petersilie

Zubereitung:
Das Backpulver mit der Speisestärke und dem Mehl mischen. Danach das Bier hinzugeben und zu einem Teig verarbeiten. Das Ganze quellen lassen. In der Zeit die Kräuter hacken. Den Joghurt mit der Mayonnaise und dem Zitronensaft verrühren. Mit Salz und Pfeffer abschmecken. Das Fruchtfleisch der Avocados in Spalten schneiden und mit Salz und Pfeffer würzen. In einem Topf Öl zum Frittieren erhitzen. Die Avocados in dem Mehl wenden und durch den Teig ziehen. Danach für 4–5 Minuten frittieren. Die abgetropften Avocados servieren.

Kartoffeln mit Gemüse-Käsefüllung aus dem Ofen

Zutaten für 4 Portionen:
125 g Mozzarella
1,5 kg Kartoffeln
1 Prise Oregano
2 Tomaten
1 Prise Pfeffer
1 Zucchini/1 Prise Salz
1 gelbe Paprikaschote
150 g saure Sahne
1 Bund Petersilie

Zubereitung:
Die Kartoffeln waschen und für 25 Minuten in Salzwasser garen. Die Tomaten in kochendes Wasser tauchen, häuten und das Fruchtfleisch würfeln. Die Zucchini sowie die Paprika waschen und würfeln. Die Sahne mit der gehackten Petersilie und dem Gemüse vermischen. Alles mit Oregano, Salz und Pfeffer würzen. Das obere Drittel der Kartoffeln entfernen und die restliche Kartoffel aushöhlen. Dort das Gemüse einfüllen und mit etwas Mozzarella bestreuen. Die Kartoffeln nochmals 10 Minuten bei 180 °C überbacken
.

Süße Klöße in Rotweinsauce

Zutaten für 4 Portionen:
Zucker zum Bestreuen
50 g Butter
500 g Äpfel
50 g Zucker
1/8 L Milch
1 Prise Salz
1/2 TL Backpulver
1 Zitrone
375 g Mehl
2 Eier
Für die Sauce:
2 EL Speisestärke
1/4 L Rotwein
2 Gewürznelken
1/4 L Wasser
1/2 Stange Zimt
75 g Zucker

Zubereitung:
Die Butter mit 75 g Zucker und Salz verrühren. Die Zitronenschale sowie die Eier hinzugeben. Das Mehl mit dem Backpulver mischen und ebenfalls hinzugeben. Alles zu einem Teig verarbeiten. Die Äpfel schälen und in Würfel schneiden. Diese unter den Teig heben. Aus dem Teig Klöße abstechen und in kochendem Salzwasser garen. Die fertigen Klöße mit Zucker bestreuen. Den Rotwein mit 50 g Zucker und den Gewürzen erhitzen. Die Speisestärke in kaltem Wasser anrühren und hinzugeben. Alles aufkochen lassen. Danach den Zimt sowie die Nelken entfernen. Alles zusammen servieren.

Tomaten-Curry

Zutaten für 2 Portionen:
Salz und Pfeffer
150 g Nackthafer
1 TL Currypulver
300 ml Gemüsebrühe
4 Tomaten/2 Zwiebeln
1 EL Butter

Zubereitung:
Den Hafer unter fließendem, kaltem Wasser abspülen. Die Brühe mit dem Hafer in einem Topf für 20 Minuten kochen lassen. Danach für 15 Minuten quellen lassen. In der Zeit die Zwiebeln schälen, würfeln und in der Butter dünsten. Die Tomaten kreuzförmig einritzen und kurz in kochendes Wasser geben. Danach abschrecken und die Haut entfernen. Das Fruchtfleisch würfeln und zu den Zwiebeln geben. Alles mit Salz, Pfeffer und Curry abschmecken. Das Tomatencurry anrichten und mit dem Hafer dekorieren.

Pizza aus Dinkelteig

Zutaten für 4 Portionen:
Für den Teig:
Salz
700 g Vollkorn-Dinkelmehl
350 ml lauwarmes Wasser
1 Würfel Hefe
Für den Belag:
4–5 EL Tomaten
500 g frischer Blattspinat
1–2 EL Pinienkerne
1 Glas eingelegte, getrocknete Tomaten
600 g Büffelmozzarella
400 g Gorgonzola

Zubereitung:
Das Mehl mit etwas Salz und der Hefe mischen. Portionsweise das Wasser hinzugeben und zu einem Teig verarbeiten. Den Teig für 1 Stunde an einem warmen Ort gehen lassen. Danach den Teig nochmals kneten und in 4 gleichgroße Portionen teilen. Diese ausrollen und die Tomatensauce darauf verteilen. Danach die Pizza mit Spinat, Mozzarella, Tomaten und Gorgonzola belegen. Die Pizzen für 10 Minuten bei 250 °C backen. Die Pinienkerne ohne Fett in einer Pfanne rösten und auf den fertigen Pizzen verteilen.

Nussrisotto

Zutaten für 3 Portionen:
50 g Butter
2 Zwiebeln
200 ml Weißwein
Olivenöl
60 g Walnusskerne
Salz und Pfeffer
100 g Gorgonzola
1 L Gemüsebrühe
300 g Camargue Rundkornreis

Zubereitung:
Die Zwiebeln hacken und in Olivenöl dünsten. Danach den Reis hinzugeben und glasig anbraten. Mit dem Weißwein ablöschen und köcheln lassen. Nach und nach unter ständigem Rühren die Gemüsebrühe hinzugeben. Die Walnusskerne hacken und zu dem Reis geben. Den Gorgonzola würfeln und zu dem bissfesten Reis geben. Danach die Butter hinzugeben. Zum Schluss alles servieren.

Ingwer-Gemüse-Suppe

Zutaten für 4 Portionen:
200 g Kohlrabi
Salz und Pfeffer
Koriandergrün
1 TL Curry
400 g Karotten
150 ml Kokosmilch
40 g Zwiebeln
600 ml Gemüsefond
10 g Ingwer
20 g Butter
1 Chilischote

Zubereitung:
Die Karotten und die Zwiebel schälen und klein schneiden. Den Ingwer schälen und hacken. Die Chili-schote halbieren, entkernen und hacken. In einem Topf die Butter erhitzen. Darin die Zwiebeln, den Ingwer, die Karotten und den Chili dünsten. Mit der Kokosmilch und dem Gemüsefond ablöschen. Danach mit den Gewürzen abschmecken und für 20 Minuten köcheln lassen. In der Zeit den Kohlrabi schälen und würfeln. Die Suppe pürieren und den Kohlrabi hinzugeben. Nochmals für 8 Minuten köcheln lassen. Vor dem servieren die Suppe abschmecken und mit der Kokosmilch sowie dem Koriandergrün garnieren.

Gebratener Couscous mit fruchtigem Dip

Zutaten für 2 Portionen:
Für den Dip:
Salz und Pfeffer
Abrieb einer Limette
2 EL Schmand
Für den Couscous:
1 Frühlingszwiebel
400 ml Orangensaft
200 g Brokkoli
1 EL Olivenöl
200 g Couscous
Salz und Pfeffer
Currypulver

Zubereitung:
Den Orangensaft mit Currypulver, Salz und Pfeffer würzen und aufkochen. Damit den Couscous übergießen und für 10 Minuten abgedeckt quellen lassen. Die Brokkoliröschen in Salzwasser aufkochen. Das Öl in einer Pfanne erhitzen. Darin den Brokkoli und den Couscous anbraten. Den Schmand mit Salz, Pfeffer und Limettenabrieb vermischen. Die Lauchzwiebel in Ringe schneiden und unter den Schmand heben. Alles zusammen auf einem Teller anrichten und servieren.

Frischer Herbstsalat

Zutaten für 4 Portionen:
Für den Salat:
80 g Zwiebeln
400 g Hokkaido-Kürbis
150 g Weißkohl
150 g Salatgurke
150 g rote Paprika
Für die Vinaigrette:
1 EL Schnittlauchröllchen
3 EL Essig
150 g Tomaten
5 EL Gemüsefond
4 EL Pflanzenöl
Salz und Pfeffer
1 Prise Zucker
Zum Garnieren:
1 Beet Radieschensprossen

Zubereitung:
Den Kürbis schälen und das Fruchtfleisch in Streifen schneiden. Die Gurke waschen. Die Paprika entkernen. Den Strunk vom Weißkohl entfernen. Die Zwiebeln schälen. Das Gemüse sowie den Kohl und die Zwiebeln in Streifen schneiden. Den Gemüsefond mit Essig, Salz, Pfeffer und Zucker mischen. Danach das Öl unterrühren. Die Tomaten waschen und entkernen. Das Fruchtfleisch würfeln. Die Tomaten zusammen mit dem Schnittlauch zu dem Gemüsefond geben. Danach das Gemüse und die Zwiebel sowie den Kohl hinzugeben und mischen. Den Salat für 2 Stunden ziehen lassen. Vor dem Servieren die Radieschensprossen über den Salat verteilen.

Bunter Sommersalat

Zutaten für 4 Portionen:
Für das Dressing:
Salz und Pfeffer
5 EL Olivenöl
3 EL weißer Weinessig
Für den Salat:
2 Knoblauchzehen
800 g Aubergine
150 g Tomaten
150 g rote Paprika
150 g gelbe Paprika

Zubereitung:
Die Auberginen waschen und die Enden entfernen. Danach die Auberginen längs halbieren. Die Paprikaschoten ebenfalls halbieren und entkernen. Beides mit der Schnittfläche nach unten auf ein Backblech legen. Für 30 Minuten bei 180 °C Umluft backen. Die Paprikaschoten in eine Tüte geben und schwitzen lassen. Danach die Paprika schälen. Das Auberginenfruchtfleisch aus der Schale schälen und zusammen mit der Paprika in Würfel schneiden. Die Tomaten blanchieren, abschrecken und häuten. Die Tomatensamen durch ein Sieb passieren und den Saft auffangen. Das Tomatenfruchtfleisch würfeln. Den Knoblauch schälen und pressen. Das Gemüse mit dem Knoblauch mischen. Alle Zutaten für das Dressing mit dem Tomatensaft verrühren und über das Gemüse geben. Danach alles nochmals verrühren und für 20 Minuten ziehen lassen.

Gebackener Blumenkohl

Zutaten für 4 Portionen:
1/2 Bund Schnittlauch
1 Blumenkohl
2 EL Ajvar
1 Dose Kichererbsen
2 TL Kreuzkümmel
4 EL Olivenöl
150 g Schmand
1 Prise Salz und Pfeffer
200 g Frischkäse
1/2 Dose Safranfäden
125 g Soft-Datteln ohne Stein
2 TL Chiliflocken
1 Knoblauchzehe
1/2 TL gemahlener Koriander

Zubereitung:
Den Blumenkohl waschen und in Röschen teilen. Die Kichererbsen abtropfen lassen. 1 TL Chiliflocken mit dem Koriander, dem Olivenöl, Salz, Pfeffer und Safran vermischen. Danach die Kichererbsen und den Blumenkohl hinzugeben. Das Ganze auf ein Backblech geben und für 25 Minuten bei 170 °C garen. In der Zeit den Knoblauch schälen, die Datteln hacken. Den Frischkäse mit dem Schmand, dem Knoblauch und den Datteln pürieren. Alles mit Salz, Pfeffer, Ajvar, Kreuzkümmel und 1 TL Chiliflocken würzen. Den Schnittlauch waschen, klein schneiden und unterheben. Den fertigen Blumenkohl mit dem Dip servieren.

Zucchini mit Feta überbacken

Zutaten für 2 Portionen:
100 g Fetakäse
2 Zucchini
1 Pk. Blätterteig aus dem Kühlregal
1 Bund gehackte Petersilie
50 g geriebener Parmesan
1/2 Pk. Schnittlauch
1/2 Zitrone
250 g Schmand
1 Prise Salz und Pfeffer
3 Eier

Zubereitung:
Die Zucchini waschen und in Streifen schälen. Die Petersilie sowie den Schnittlauch waschen und fein hacken. Den Schmand mit den Kräutern und den Eiern verrühren. Danach mit der abgeriebenen Zitronenschale, Salz, Pfeffer und Parmesan würzen. Eine Tarteform einfetten und den Blätterteig hineingeben. Dabei einen Rand formen. Die Kräutercreme hineinfüllen und Zucchinistreifen hineingeben. Den Feta darüber krümeln. Alles für 40 Minuten bei 180 °C backen. Danach 10 Minuten ruhen lassen.

Gemüsepfannkuchen aus dem Ofen

Zutaten für 4 Portionen:
1/2 TL Backpulver
250 g Zucchini
1 Prise Salz und Pfeffer
3 Tomaten
200 ml Haferdrink
1 Bund Schnittlauch
4 Eier
200 g Fetakäse
125 g Dinkelmehl

Zubereitung:
Die Zucchini waschen und in Scheiben schneiden. Die Tomaten waschen, entkernen und das Fruchtfleisch würfeln. Den Schnittlauch waschen und klein schneiden. Den Feta zerbröseln. Das Mehl mit dem Backpulver mischen. Die Eier, den Haferdrink sowie Salz und Pfeffer hinzugeben. Das Ganze verrühren. Den Backofen auf 200 °C vorheizen. Den Teig gleichmäßig in ein tiefes Backblech geben. Darauf das Gemüse verteilen und den Feta draufstreuen. Alles für 20 Minuten bei 200 °C backen. Nach 15 Minuten den Schnittlauch darübergeben. Vor dem Servieren den Pfannkuchen klein schneiden.

Scharfer Nudelsalat

Zutaten für 2 Portionen:
1 TL Chiliflocken
150 g Nudeln
4 Jalapeños
50 g Crème fraîche
1 Dose Mais
2 Korianderstängel
1 rote Paprikaschote
1 Prise Zucker
1 Schalotte
1 Prise Salz und Pfeffer
3 EL Öl
2 EL Essig

Zubereitung:
Die Nudeln nach Packungsanweisung kochen. Danach abschütten. Die Jalapeños sowie den Mais abtropfen lassen. Die Paprika waschen. Die Schalotte schälen und zusammen mit der Paprika in Würfel schneiden. Das Öl mit dem Zucker, Salz, Pfeffer und Essig verrühren. Die Nudeln, die Jalapeños, den Mais sowie die Schalotte und die Paprika damit vermischen. Den Koriander waschen und hacken. Den fertigen Nudelsalat mit der Crème fraîche, dem Koriander und den Chiliflocken bestreuen.

Tortellini mit Spargel-Tomatensauce

Zutaten für 2–3 Portionen:
3 Basilikumstängel
500 g grüner Spargel
40 g Parmesan
2 EL Olivenöl
1 Handvoll Cocktailtomaten
1 TL Zucker
1 Pk. Tortellini
200 g Schlagsahne
1 Prise Salz und Pfeffer
2 EL Pesto Rosso

Zubereitung:
Den Spargel waschen und in Stücke schneiden. Den Spargel in Olivenöl anbraten. Danach mit Zucker bestreuen. Sobald der Spargel karamellisiert ist, die Sahne hinzugeben und das Pesto Rosso hinzugeben. Alles verrühren und mit Salz und Pfeffer würzen. Die Sauce für 5 Minuten kochen lassen. Die Tomaten waschen und halbieren. Den Parmesan reiben. Das Basilikum waschen und hacken. Die Tortellini in Salzwasser nach Packungsanweisung garen. Danach abschütten und mit der Sauce anrichten. Vor dem Servieren mit Basilikum, Parmesan und Tomaten garnieren.

Rucola-Salat mit Nektarinen

Zutaten für 4 Portionen:
8 EL Balsamico
2 Zucchini
4 EL Olivenöl
4 Nektarinen
Salz und Pfeffer
1/2 Bund Rucola

Zubereitung:
Die Zucchini in Streifen schneiden. Die Nektarinen vierteln und entkernen. Beides mit etwas Olivenöl bepinseln und auf einer Grillpfanne braten. Danach mit dem Rucola auf einer Platte anrichten. Salz und Pfeffer darübergeben. Vor dem Servieren etwas Olivenöl und Balsamico über den fertigen Salat geben.

Bohnen-Spaghetti mit Mandeln

Zutaten für 4 Portionen:
1 Handvoll frisches Bohnenkraut
50 g Mandelblättchen
Abrieb einer halben Zitrone
4 EL Salz
150 g gespaltene Erbsen
400 g gemischte grüne Bohnen
50 g getrocknete Tomaten in Öl
200 g gespaltene Dicke-Bohnenkerne
6 EL Olivenöl
400 g Dinkel-Spaghetti
2 Knoblauchzehen
1 rote Zwiebel

Zubereitung:
Die Mandelblättchen ohne Fett in einer Pfanne rösten. Salzwasser zum Kochen bringen. Die Bohnen klein schneiden und für 3 Minuten in dem Salzwasser blanchieren. Danach abschrecken und abtropfen lassen. Die Bohnenkerne für 2 Minuten blanchieren, abschrecken und die Haut entfernen. Die Nudeln in Salzwasser nach Packungsanweisung kochen. In der Zeit die Zwiebel in Spalten schneiden. Den Knoblauch würfeln. In einem Topf Olivenöl erhitzen. Darin die Zwiebel sowie den Knoblauch anschwitzen. Die getrockneten Tomaten in Streifen schneiden. Zusammen mit den grünen Bohnen in den Topf geben. Die fertigen Nudeln abgießen. Dabei 300 ml Wasser auffangen. Das Nudelwasser sowie die Nudeln, die Erbsen, die Bohnenkerne, den Zitronenabrieb und das gehackte Bohnenkraut hinzugeben. Alles für 2 Minuten köcheln lassen. Vor dem Servieren mit den Mandelblättchen bestreuen.

Zucchini-Flammkuchen

Zutaten für 2 Flammkuchen:
etwas Olivenöl
250 g Weizen-Vollkornmehl
50 g Rucola
1 Eigelb
Abrieb einer halben Zitrone
3 EL Öl
Salz und Pfeffer
1 TL Salz
200 g Crème fraîche
120 ml Wasser
75 g Gorgonzola
1 grüne Zucchini
1 gelbe Zucchini

Zubereitung:
Das Eigelb mit dem Mehl, Salz, Wasser und Öl kneten. Den Teig abdecken und für 30 Minuten gehen lassen. Die Zucchini in Streifen schneiden. Den Gorgonzola und die Crème fraîche zusammen mit Salz, Pfeffer und dem Zitronenabrieb vermischen. Den Teig in zwei Portionen teilen und auf einem Backblech ausrollen. Auf den Teig die Käsecreme verteilen und die Zucchinistreifen darauf verteilen. Den Backofen auf 200 °C Umluft vorheizen und den Flammkuchen für 12 Minuten backen. Zum Servieren den Rucola sowie Olivenöl darauf verteilen.

Zucchini vom Grill mit Risotto

Zutaten für 4 Portionen:
1/2 Beet Kresse
2 Schalotten
50 g Butter
1 grüne Zucchini
65 g Parmesan
1 gelbe Zucchini
Salz und Pfeffer
2 EL Olivenöl
3 Thymianstängel
300 g Risottoreis
Saft einer Zitrone
100 ml Weißwein
1 EL Pflanzenöl
650 ml heiße Gemüsebrühe

Zubereitung:
Die Schalotten und die grüne Zucchini würfeln. Die gelbe Zucchini in Scheiben schneiden. In einem Topf das Olivenöl erhitzen. Die Schalotten andünsten. Den Risottoreis hinzugeben und mitdünsten. Mit dem Wein ablöschen und verdunsten lassen. Danach die Brühe hineingeben. Den Reis bei geschlossenem Deckel für 15 Minuten köcheln lassen. Danach die grüne Zucchini hinzugeben. Die gelbe Zucchini mit Öl beträufeln und von beiden Seiten in einer Grillpfanne anbraten. Danach mit dem Thymian, Salz, Pfeffer und Zitronensaft marinieren. Den Parmesan reiben und zusammen mit der Butter unter das Risotto heben. Alles zusammen anrichten und mit der Kresse garnieren.

Bunte Zucchini-Nudeln mit Pesto

Zutaten für 2 Portionen:
1 EL Bratöl
3 grüne Zucchini
100 g Cocktailtomaten
3 gelbe Zucchini
1 EL Salz
150 g Babyspinat
50 g Cashewnüsse
75 ml Olivenöl
1 Prise Zucker
1 Knoblauchzehe
Salz und Pfeffer
2 EL Cashewmus

Zubereitung:
Die Zucchini mit einem Spiralschneider zu Spaghetti schneiden. Den Spinat mit dem Knoblauch, dem Cashewmus und dem Olivenöl pürieren. Das Pesto mit Zucker, Salz und Pfeffer abschmecken. In einem Topf Wasser aufkochen. Die Zucchini für 30 Sekunden gar ziehen lassen. Danach abschrecken. Die Tomaten halbieren. In einer Pfanne Öl erhitzen. Die Tomaten darin anbraten und die Zucchini hinzugeben. Das Ganze mit Salz und Pfeffer würzen. Das Pesto hinzugeben und verrühren.

Zwiebel-Tofu-Spieße mit Gemüse und Obst

Zutaten für 2 Portionen:
4 Schaschlik Spieße
250 g Tofu
1 TL gerösteter Sesam
2 rote Zwiebeln
25 g geröstete Erdnüsse
2 TL dunkle Misopaste
2 EL Butter
1 EL Sojasauce
Pfeffer
1 EL Honig
400 g Mangold
2 EL Bratöl
150 g Erdbeeren

Zubereitung:
Den Tofu würfeln. Die Zwiebeln schälen und vierteln. Die Misopaste mit dem Honig, der Sojasauce und 1 EL Öl verrühren. Darin den Tofu sowie die Zwiebeln für 30 Minuten marinieren. Danach beides abwechselnd auf die Spieße stecken. Die Marinade aufheben. In einer Pfanne das restliche Öl erhitzen. Darin die Spieße anbraten. Die Erdbeeren in Scheiben schneiden. Den Mangold putzen und in Streifen schneiden. In einer Pfanne die Butter erhitzen. Den Mangold für 3 Minuten anbraten. Mit der Marinade ablöschen und die Erdbeeren hinzugeben. Mit Pfeffer und Sojasauce abschmecken. Die Mangold-Erdbeeren in eine Schale füllen. Gehackte Erdnüsse und Sesam darüberstreuen und mit den Spießen anrichten.

Spinat-Johannisbeeren-Pizza

Zutaten für 2 Portionen:
Für den Teig:
80 ml kaltes Wasser
200 g Dinkelvollkornmehl
1/2 TL Salz
100 g kalte Butter
Für den Belag:
1 TL Sesam
1 rote Zwiebel
1 Ei
1 EL Rapsöl
100 g Frischkäse
150 g Blattspinat
80 g Johannisbeeren
Etwas Muskat
4 eingelegte Artischocken in Öl
Salz und Pfeffer

Zubereitung:
Für den Teig alle Zutaten verkneten und für 30 Minuten im Kühlschank gehen lassen. Den Backofen auf 220 °C Ober- / Unterhitze vorheizen. Die Zwiebel schälen und hacken. In einer Pfanne Öl erhitzen. Darin die Zwiebeln und den Spinat anbraten. Mit Salz, Pfeffer und Muskat abschmecken. Die Artischocken abtropfen und klein schneiden. Den Teig ausrollen und den Frischkäse draufstreichen. Danach den Spinat, die Artischocken und die Johannisbeeren darauf verteilen. Etwas Rand über die Füllung ziehen und andrücken. Den Rand mit Ei bestreichen und Sesam darüberstreuen. Das Ganze für 20–30 Minuten backen.

Fruchtige Nudeln mit Pesto und Spargel

Zutaten für 2 Portionen:
Für das Pesto:
Salz und Pfeffer
50 g Rucola
40 ml Olivenöl
1 Knoblauchzehe
20 g Mandeln
30 g Parmesan
200 g Dinkel-Nudeln
150 g Erdbeeren
350 g grüner Spargel
Bratöl

Zubereitung:
Den Rucola waschen. Den Knoblauch schälen. Den Parmesan reiben. Die Mandeln mit Olivenöl, Rucola, Knoblauch und Parmesan pürieren. Mit Salz und Pfeffer würzen. Die Erdbeeren waschen und in Scheiben schneiden. Den Spargel waschen und die Enden entfernen. Den restlichen Spargel in Stücke schneiden. In einer Pfanne das Öl erhitzen. Den Spargel darin für 8–10 Minuten braten. Die Nudeln nach Packungsanweisung garen und abgießen. Die Nudeln mit dem Spargel, den Erdbeeren und dem Pesto mischen.

Ofenkartoffeln mit Estragon

Zutaten für 4 Portionen:
150 g Bergkäse in Scheiben
200 g grobes Meersalz
1 Schalotte
4 Süßkartoffeln
1 EL Butter
2 EL Olivenöl
Salz
12 Stangen grüner Spargel
1/2 Knoblauchzehe
Für den Estragon:
1 Spritzer Zitronensaft
200 g Crème fraîche
Salz und Pfeffer
1 EL Quark
Zucker
1 Msp. Knoblauch
2 EL gehackter Estragon
2 Radieschen

Zubereitung:
Eine feuerfeste Form mit Salz bestreuen. Die Kartoffeln waschen, mit Öl einreiben und in die Form geben. Die Kartoffeln für 45 Minuten bei 180 °C backen. Das restliche Öl erhitzen und den Spargel darin braten. Danach den Knoblauch hinzugeben und mit Salz würzen. Den fertigen Spargel klein schneiden. Die Kartoffeln längs halbieren und leicht aushöhlen. Die Masse mit den Schalotten, Salz und Butter vermischen. Danach die Masse wieder in die Kartoffeln füllen. Darauf den Spargel und den Käse legen. Das Ganze für 5 Minuten backen. Für die Creme alle Zutaten miteinander verrühren. Die Radieschen in Scheiben schneiden. Alles zusammen servieren.

Risotto mit Mandeln

Zutaten für 4 Portionen:
Für das Risotto:
700 ml Gemüsebrühe
2 Schalotten
100 ml Weißwein
2 Knoblauchzehen/200 g Perlgraupen
1 Rosmarinzweig/3 EL Olivenöl
1 Thymianzweig
3 EL Olivenöl
Für den Spargel:
Eiswasser
1 Prise Zucker/1 Spritzer Zitronensaft
Salz und Pfeffer
4 EL Butter
100 g geriebener Parmesan
Für das Topping:
Salz
50 g Mandeln
Thymian
1 TL Butter

Zubereitung:
Die Kräuter, Schalotten und den Knoblauch hacken. 1 EL Öl erhitzen und alles darin anschwitzen. Danach die Perlgraupen hinzugeben und mit Wein ablöschen. Nach und nach für 25 Minuten etwas Brühe hinzugeben. Den Spargel in Wasser mit dem Zitronensaft, Salz und Zucker aufkochen lassen. Danach den Spargel für 3 Minuten ziehen lassen. Mit dem Eiswasser den Spargel abschrecken und klein schneiden, das Risotto nachziehen und mit Salz, Pfeffer, Butter und Parmesan abschmecken. In dem restlichen Olivenöl den Spargel anbraten und zu dem Risotto geben. Die Butter erhitzen und die Mandeln rösten. Mit Salz und Thymian abschmecken. Das Ganze über das Risotto geben.

Avocado in Tomatensauce

Zutaten für 4 Portionen:
1/2 Bund Koriander
1 rote Zwiebel
2 Avocados
2 Knoblauchzehen
1/2 TL Kurkuma
1 Paprikaschote/1 TL Kreuzkümmel
200 g Kichererbsen im Glas
2 EL Tahin/150 g Babyspinat
1 Prise Salz und Pfeffer
6 EL Olivenöl/1 Prise Chilipulver
2 EL Tomatenmark
2 TL Zucker
1 Dose gehackte Tomaten
1 TL Paprika edelsüß
etwas Kreuzkümmel

Zubereitung:
Die Zwiebel sowie eine Knoblauchzehe würfeln. Die Paprika in Würfel schneiden. Die Kichererbsen abgießen. Dabei die Hälfte der Flüssigkeit auffangen. Den Spinat waschen. In einer Pfanne 3 EL Öl erhitzen. Die Zwiebel sowie den Knoblauch anbraten. Danach die Paprika hinzugeben und dünsten. Das Tomatenmark unterrühren. Die Hälfte der Kichererbsen und die Tomaten hinzugeben und mit Paprikagewürz, Zucker, Kreuzkümmel, Salz, Pfeffer und Chili abschmecken. Alles für 10 Minuten köcheln lassen. Danach den Spinat hinzugeben. Die restlichen Kichererbsen mit dem Knoblauch, 3 EL Olivenöl, Tahin, Salz und 1 TL Kreuzkümmel pürieren. Danach das Kurkuma hinzugeben. Die Avocados halbieren und das Fruchtfleisch herauslösen. Mit Salz und Pfeffer bestreuen. Das Loch mit der Kichererbsencreme füllen und in die Tomatensauce legen. Das Ganze bei geschlossenem Deckel bei 180 °C für 7 Minuten im Ofen garen. Zum Servieren den Koriander und den Spinat darübergeben.

Süßkartoffel-Chips mit Avocado

Zutaten für 2 Portionen:
1 Avocado
600 g Süßkartoffeln
250 ml Pflanzenöl neutral
1 TL Kreuzkümmel
1 scharfe Chilischote
1 TL Zimt
1 Bund Koriander
2 EL Olivenöl
3 Limetten
Salz und Pfeffer
1 rote Zwiebel
Rohrzucker

Zubereitung:
Den Backofen auf 200 °C Ober- / Unterhitze vorheizen. Die Süßkartoffeln schälen. Ca. 50 g in Scheiben schneiden. Die restlichen Süßkartoffeln würfeln. Die Kartoffelwürfel in eine Form geben und mit Öl, Zimt und Kreuzkümmel mischen. Salz und Pfeffer darübergeben und für 20–30 Minuten backen. Die Zwiebel schälen und in Streifen schneiden. Die Zwiebeln mit Salz und Zucker einmassieren. Die Limetten auspressen. Die Hälfte des Korianders hacken. Die Chili in Scheiben schneiden. Die Chili und den Limettensaft mit der Zwiebel für 10 Minuten ziehen lassen. In einem Topf Öl erhitzen. Die Kartoffelscheiben darin frittieren und salzen. Das Avocadofruchtfleisch in Stücke schneiden. Die Kartoffeln sowie die Avocado mit dem Limettensaft mischen. Die Chips mit dem Koriander servieren.

Gemüse auf Kastanienpesto

Zutaten für 4 Portionen:
Für das Pesto:
Etwas Petersilie
300 g Sellerieknolle
Salz und Pfeffer
300 g geschälte und vorgekochte Kastanien
60 g Butter
400 ml Gemüsebrühe
Für das Gemüse:
Salz und Pfeffer/400 g Rosenkohl
Muskatnuss/400 g bunte Karotten
1 TL Zucker/40 g Butter
Für die Zwiebelringe:
300 ml Pflanzenöl
2 Zwiebeln/etwas Mehl

Zubereitung:
Sellerie schälen, würfeln und mit den Kastanien in einen Topf geben. Die Gemüsebrühe sowie 20 g Butter hinzufügen. Beides für 20 Minuten weichkochen. Danach das Gemüse abgießen und die Brühe auffangen. Das Gemüse, die Kastanien mit der restlichen Butter und mit 100 ml der aufgefangen Brühe pürieren. Mit Salz und Pfeffer würzen. Den Rosenkohl putzen, den Strunk einschneiden und für 2–5 Minuten in Salzwasser blanchieren. Den Rosenkohl abschrecken. Die Karotten schälen, würfeln und in einem Topf Butter erhitzen, mit 100 ml Wasser ablöschen. Danach Salz und Zucker hinzugeben und für 3 Minuten dünsten. Den Rosenkohl hinzugeben und für weitere 5–10 Minuten garen. Das Gemüse mit Salz, Pfeffer und Muskat würzen. Die Zwiebeln schälen und in Ringe schneiden. Die Zwiebelringe in Mehl wenden. In einem Topf das Pflanzenöl erhitzen. Die Zwiebelringe darin frittieren. Das Kastanienpesto anrichten. Darauf das Gemüse legen und die Zwiebelringe sowie die Petersilie darauf verteilen.

Semmelknödel mit Rotkohl

Zutaten für 4 Portionen:
Für den Rotkohl: Salz und Pfeffer
600 g Rotkohl/2 EL Rübensirup
200 g Zwiebeln/1 Nelke
40 g Butter/2 Lorbeerblätter
3–4 EL Himbeeressig
Für die Semmelknödel:
3 Eier/300 g alte Brötchen
Salz und Pfeffer/280 ml Milch/Muskat
1 Zwiebel/1/2 Handvoll Petersilienblättchen
1 EL Butter/ Für die Karotten:
Salz/10 bunte Karotten/1 TL Zucker/30 g Butter
1 Handvoll Petersilienblättchen/Butter zum Anbraten

Zubereitung:
Die Zwiebeln schälen. Den Rotkohl waschen. Beides in Streifen schneiden. Den Backofen auf 180 °C Ober- / Unterhitze vorheizen. In einem Bräter 30 g Butter erhitzen. Darin die Zwiebeln anschwitzen. Den Rotkohl, Himbeeressig und Salz hinzugeben und vermischen. Die Nelke und die Lorbeerblätter hinzugeben. Den Rotkohl für 80 Minuten unter Wenden schmoren. Danach den Rübensirup hinzugeben und für weitere 10 Minuten schmoren. Den Rotkohl herausnehmen und mit Salz und Pfeffer würzen. Die Brötchen in Scheiben schneiden. Milch aufkochen und die Brötchen übergießen. Die Zwiebel würfeln und in etwas Butter anschwitzen. Die Petersilie hacken und mit den Zwiebeln zu den Brötchen geben. Mit Muskat, Salz und Pfeffer würzen. Die Eier verquirlen und unter die Brötchen heben. Daraus Knödel formen. Diese in kochendem Salzwasser für 15 Minuten ziehen lassen. Die Karotten schälen und halbieren. Die Karotten zur Hälfte in Wasser geben. Salz, Butter und Zucker hinzugeben und aufkochen lassen. In einer Pfanne Butter erhitzen. Die Petersilie hinzugeben. Die Knödel und den Rotkohl anrichten. Darüber die Petersilienbutter geben.

Cranberry-Spaghetti mit Wirsinggemüse

Zutaten für 2 Portionen:
1 Ei/350 g Wirsing
Salz und Pfeffer/1 Schalotte
50 g Cranberrys/1/2 TL Kreuzkümmel
180 g Vollkornspaghetti/50 g Pecorino
1/2 L Gemüsebrühe/100 g Mascarpone

Zubereitung:
Den Wirsing waschen und in Stücke reißen. Die Schalotte schälen und würfeln. Den Kreuzkümmel zerkleinern. Den Pecorino reiben. Die Mascarpone mit der Gemüsebrühe verrühren und in eine Pfanne geben. Den Wirsing, die Schalotten, die Spaghetti, die Cranberrys, den Kreuzkümmel, Salz und Pfeffer hinzugeben. Das Ganze für 8 Minuten kochen lassen. Den geriebenen Pecorino mit dem Ei verquirlen und unterheben.

Nudel-Gemüse-Topf

Zutaten für 2 Portionen:
1 Schale Kresse
1 Karotte
250 g Kichererbsen-Spirelli
3 Schalotten
125 g Brombeeren
2 EL Olivenöl
200 ml Johannisbeersaft
250 ml Gemüsebrühe
Salz und Pfeffer
3 EL Mandelmus
1 TL Curry
350 g Rotkohl

Zubereitung:
Die Karotte sowie eine Schalotte schälen und würfeln. Beides in 1 EL Olivenöl dünsten. Mit der Brühe ablöschen. Das Curry, Mandelmus sowie Salz hinzugeben und für 5 Minuten kochen lassen. Den Rotkohl mit den restlichen Schalotten in Streifen schneiden. In dem restlichen Öl das Gemüse braten. Mit Salz und Pfeffer sowie dem Johannisbeersaft ablöschen. Alles für 5 Minuten kochen lassen.
Nach 3 Minuten die Brombeeren hinzugeben und schmoren. In Salzwasser die Kichererbsen-Spirelli nach Packungsanweisung kochen, abschütten und zu dem Gemüse geben. Das Ganze anrichten und die Kresse darüberstreuen.

Gebackene Nudeln mit Gemüse

Zutaten für 4 Portionen:
200 ml Gemüsebrühe
500 g Hokkaidokürbis
200 ml Sahne
3 Rosmarinzweige
250 g Feta
etwas Salz und Pfeffer
1/2 Bund Petersilie
2 EL Honig
1 Granatapfel
2 EL Olivenöl
50 g Haselnüsse
400 g gekochte Rote Beete
400 g Haselnüsse
400 g bunte Spirelli

Zubereitung:
Den Kürbis waschen und in Schiffchen schneiden. Die Nadeln vom Rosmarin zupfen und hacken. Den Kürbis mit Honig, Salz, Pfeffer, Rosmarin und Öl würzen. Den Kürbis für 20 Minuten bei 180 °C backen. Die Rote Beete in Scheiben schneiden. Die Nudeln in Salzwasser kochen und abschütten. Dabei 200 ml Wasser auffangen. Die Haselnüsse hacken. Den Granatapfel halbieren und entkernen. Die Petersilie waschen und hacken. Die Petersilie mit den Granatapfelkernen mischen. Den Feta zerkrümeln. Die Sahne mit dem Nudelwasser sowie der Gemüsebrühe verrühren. Den Kürbis mit den Nudeln, der Roten Beete den Haselnüssen und der Hälfte des Fetas sowie der Sahne mischen. Alles bei 180 °C Ober- / Unterhitze für 35 Minuten backen. Danach anrichten und mit den Granatapfelkernen bestreuen.

Nudeln mit Avocado-Walnuss-Pesto

Zutaten für 4 Portionen:
400 g Nudeln
250 g bunte Tomaten
Salz und Pfeffer
1 Bund Rucola
Zucker
1 Chili
60 g geriebener Parmesan
60 g Walnüsse
70 ml Olivenöl
1 Zitrone
2 Avocados

Zubereitung:
Den Rucola, die Tomaten und die Chili waschen. Die Walnüsse mahlen. Die Zitrone waschen und die Schale abreiben. Den Saft aus der Zitrone pressen. Die Avocado entkernen und mit 2/3 des Rucola sowie 60 ml Olivenöl pürieren. Den Parmesan, den Zitronensaft sowie die Walnüsse und die Zitronenschalen unterheben. Mit Salz, Pfeffer und Zucker das Pesto abschmecken. Die Nudeln in Salzwasser kochen, abschütten und dabei etwas Wasser auffangen. Die Tomaten mit dem Öl anbraten. Mit Zucker und Salz würzen. Die Chili entkernen und klein schneiden. Das Pesto mit den Nudeln und etwas Nudelwasser mischen. Zum Servieren mit der Chili, den Tomaten und dem Rucola garnieren.

Polenta mit Kürbis, Salat und Salsa

Zutaten für 4 Portionen:
Für die Polenta:
Salz und Pfeffer
1/2 Hokkaidokürbis
2 EL Pflanzenmargarine
Muskat/100 g Maisgrieß
300 ml Gemüsebrühe
Für den Salat:
1 Apfel/150 g Radicchio-Salat
Für die Salsa:
1 TL Senf/25 g Haselnüsse
4 TL Zitronensaft
80 g Heidelbeeren/2 TL Rapsöl
3 EL Apfelsaft
1 EL Ahornsirup

Zubereitung:
Den Kürbis waschen, entkernen und das Fruchtfleisch würfeln. Den Kürbis in Salzwasser für 25–30 Minuten garen. Danach abschütten und den Kürbis pürieren. Mit Salz und Muskat abschmecken. Die Gemüsebrühe zum Kochen bringen. Den Grieß einstreuen und den Kürbis hinzugeben. Alles für 10 Minuten bei häufigem Rühren quellen lassen. 1 EL Margarine unterheben und mit Salz, Pfeffer und Muskat würzen. Die Masse auf einem Backblech verteilen und für 1 Stunde erkalten lassen. Danach in Stücke schneiden. Den Radicchio waschen und in Streifen schneiden. Den Apfel waschen, entkernen und ebenfalls in Streifen schneiden. Die Haselnüsse hacken. Die Hälfte der Heidelbeeren zerquetschen. Den Apfelsaft, den Senf, das Rapsöl, den Zitronensaft sowie den Ahornsirup mischen. Danach alle Heidelbeeren und die Haselnüsse unterheben. In einer Pfanne die Margarine erhitzen. Die Polentastücke für 2–3 Minuten von allen Seiten braten. Alles auf einem Teller anrichten und mit der Salsa beträufeln.

Curry mit Reis

Zutaten für 3 Portionen:
Salz und Pfeffer
2 Knoblauchzehen
2 EL Rohrzucker
20 g Ingwer
250 ml Kokosmilch
300 g Rhabarber
200 g Zuckerschoten
1 TL Koriandersamen
1/2 Bund Petersilie
1 TL Kreuzkümmel
250 g Wildreis
2 EL Kokosöl
400 g stückige Tomaten der Dose
2 TL Garam Masala
700 ml Gemüsebrühe
1 EL Kurkuma
150 g Tellerlinsen

Zubereitung:
Den Knoblauch und den Ingwer schälen. Beides hacken. Den Rhabarber waschen und würfeln. Den Koriander sowie den Kreuzkümmel mörsern. Das Kokosöl erhitzen. Darin die Gewürze anschwitzen. Die Linsen und den Rhabarber hinzugeben. Mit der Gemüsebrühe und den Tomaten ablöschen. Alles aufkochen und für 30 Minuten köcheln lassen. Den Reis nach Packungsanweisung kochen. Die Petersilie waschen und hacken. Die Zuckerschoten waschen. Danach die Enden entfernen und halbieren. Nach 25 Minuten zu dem Curry geben. Danach die Kokosmilch hinzugeben und aufkochen lassen. Mit Salz, Pfeffer und Zucker abschmecken. Das Curry mit dem Reis servieren und mit der Petersilie bestreuen.

Köfte in Tomatensauce mit Kokos

Zutaten für 4 Portionen:
Für die Köfte:
2 EL Kokosöl
150 g Bulgur/1–2 EL Kokosmehl
1 TL Salz/30 g feiner Hartweizengrieß
1/2 TL Pfeffer/1 Ei
1 TL gemahlener Kreuzkümmel
1/2 Bund glatte Petersilie
1 TL Harissapaste
100 g frische Kokosnuss
100 g Karotten
150 g Sellerie
Für die Sauce:
1–2 TL brauner Zucker
1 Zwiebel
200 g Kokoscreme
2 Knoblauchzehen
400 g gehackte Dosentomaten
1/2 EL Kokosöl

Zubereitung:
Den Bulgur mit den Gewürzen und der Harissapaste sowie 200 ml kochendem Wasser mischen und einweichen lassen. Die Karotte und den Sellerie schälen. Beides mit der Kokosnuss raspeln. Die Petersilie hacken und zu dem Bulgur geben. Das Ei, den Grieß und das Mehl hinzugeben. Alles zu einem Teig kneten. Die Zwiebel und den Knoblauch würfeln. In einem Topf Öl erhitzen. Die Zwiebel und den Knoblauch dünsten. Mit den Tomaten und der Kokoscreme ablöschen. Die Sauce für 8–10 Minuten köcheln lassen. Mit Zucker, Salz und Pfeffer abschmecken. Von dem Teig einem TL abstechen und zu einer Kugel formen. Diese leicht andrücken und in einer Pfanne mit Kokosöl von beiden Seiten braten.

Nudeln mit pochierten Eiern in Sesamsauce

Zutaten für 4 Portionen:
Gomasio zum Bestreuen
1 kg Mangold
250 g Buchweizennudeln
2 Zwiebeln
4 Eier
2 Knoblauchzehen
4 EL Weißweinessig
2 EL neutrales Öl
Saft von einer Zitrone
4 EL Sojasauce
2 EL Sesampaste mit Salz
3 EL Sesamöl

Zubereitung:
Den Mangold waschen und in Streifen schneiden. Die Zwiebel und den Knoblauch schälen und in Streifen schneiden. In einem Wok Öl erhitzen. Den Mangold, die Zwiebeln den Knoblauch anbraten. Mit der Sojasauce ablöschen. Danach den Mangold hinzugeben und zusammenfallen lassen. Danach 1 EL Sesamöl hinzugeben. Die Sesampaste mit dem Zitronensaft und etwas Wasser verrühren. 2 L Wasser mit Essig in einem Topf zum Kochen bringen. Die Eier aufschlagen und hineingeben. Für 2–4 Minuten garen und mit einem Schaumlöffel herausnehmen. Die Nudeln nach Packungsanweisung kochen, abschütten und mit dem restlichen Sesamöl vermischen. Alles auf einem Teller anrichten und mit dem Gomasio garnieren.

Omelette mit Reis

Zutaten für 4 Portionen:
1 Bund Petersilie
4 Eier
100 g Sprossen
8 EL milde Sojasauce
100 g frische Erbsen
Erdnussöl
1–2 TL extra scharfe Chili-Würzpaste
1 Zucchini
500 g gegarter Basmatireis
1 rote Paprika
100 g Pilze
1 Stange Lauch
2 Knoblauchzehen

Zubereitung:
Die Eier mit 2 EL Sojasauce verquirlen. In einer Pfanne Öl erhitzen und die Hälfte der Eier darin stocken lassen. Auf einen Teller geben und zusammenrollen. Mit der anderen Hälfte der Eier nach demselben Prinzip verfahren. Die kalten Röllchen in Scheiben schneiden. Die Zucchini, den Lauch und die Paprika klein schneiden. Den Knoblauch schälen und hacken. Die Pilze in Streifen schneiden. In einem Wok Öl erhitzen. Das Gemüse für 5 Minuten anbraten und herausnehmen. Wieder Öl erhitzen und den Reis anbraten. Danach die Würzpaste sowie die restliche Sojasauce hinzugeben und verrühren. Alles für 5 Minuten garen. Die Petersilie hacken und mit den Omelettestreifen unter den Reis mischen.

Amaranth mit Linsensauce

Zutaten für 4 Portionen:
Für die Linsensauce:
etwas Parmesan
1 Zwiebel
1/2 Bund Petersilie
1 Karotte
250 g geschälte Tomaten aus dem Glas
550 g Gemüsebrühe
2 Selleriestangen
2 Lorbeerblätter
3 Knoblauchzehen
1 TL Oregano
3 EL Olivenöl
1 TL Thymian
150 g Berglinsen
2 EL Tomatenmark
Für den Amaranth:
1 TL Pfeffer
200 g Amaranth
200 ml Mandelmilch
400 ml Gemüsebrühe

Zubereitung:
Die Zwiebel, die Karotte und den Sellerie würfeln. Den Knoblauch hacken. Das Olivenöl erhitzen. Das Gemüse für 20 Minuten darin schmoren. Danach die Linsen, die Kräuter und das Tomatenmark unterrühren. Für weitere 2 Minuten schmoren lassen. Mit der Gemüsebrühe und den Tomaten ablöschen. Die Sauce für 50 Minuten bei geschlossenem Deckel köcheln lassen. Den Amaranth in der Mandelmilch und der Gemüsebrühe aufkochen. Danach für 30 Minuten köcheln lassen. Zum Schluss den Pfeffer unterrühren. Alles auf einem Teller anrichten und die Petersilie sowie den Parmesan darübergeben.

Schupfnudeln mit Spinatsauce

Zutaten für 4 Portionen:
60 g würziger Bergkäse
500 g mehligkochende Kartoffeln
200 ml Sahne
Salz und Pfeffer
2 EL Butter
2 Eigelbe
1 Knoblauchzehe
2 EL Kartoffelstärke
1 Zwiebel
125 g Dinkelmehl
600 g frischer Blattspinat
Muskatnuss

Zubereitung:
Die Kartoffeln in Salzwasser garen, abkühlen lassen, pellen und durch eine Kartoffelpresse drücken. Dazu die Eigelbe, die Stärke sowie das Mehl geben und zu einem Teig kneten. Diesen mit Salz, Pfeffer und Muskat würzen. Den Teig abkühlen lassen und zu einer Rolle formen. Diese in Scheiben schneiden und zu Schupfnudeln formen. Die Schupfnudeln im kochenden Salzwasser für 5 Minuten sieden lassen, herausnehmen und abtropfen lassen. Den Spinat hacken. Die Zwiebel und den Knoblauch würfeln. In einem Topf 1 EL Butter erhitzen. Die Zwiebel und den Knoblauch dünsten. Danach den Spinat hinzugeben und für 5 Minuten garen lassen. Mit Muskat, Salz und Pfeffer würzen. Mit der Sahne ablöschen und aufkochen lassen. In einer Pfanne die restliche Butter erhitzen. Die Schnupfnudeln unter Wenden anbraten. Den Käse reiben und unter den Spinat heben. Alles zusammen servieren.

Gemüseschnitzel

Zutaten für 4 Portionen:
Für den Salat:
100 g Gemüsebrühe
1 kg festkochende Kartoffeln
100 g Gewürzgurkensud
300 g Gewürzgurken
6–8 EL Bratöl
1 Zwiebel/1 Bund Schnittlauch
Für die Mayonnaise:
2 EL Meerrettich/120 ml ungesüßter Sojadrink
Salz und Pfeffer/100 ml Distelöl
1 EL Zitronensaft/1 TL Senf
Für die Schnitzel:
Öl/500 g Sellerie
100 g Vollkornsemmelbrösel
Salz
3 EL süßer Senf

Zubereitung:
Die Kartoffeln in Salzwasser garen, pellen und in Scheiben schneiden. Die Gurken klein schneiden. Die Zwiebel würfeln. Den Schnittlauch klein schneiden. In einer Pfanne 4 EL Öl erhitzen. Die Zwiebel dünsten und mit der Brühe sowie dem Gurkensud ablöschen. Das Ganze aufkochen lassen und über die Kartoffeln geben. Alles vermischen und ziehen lassen. Für die Mayonnaise alle Zutaten außer dem Meerrettich pürieren. Danach den Meerrettich hinzugeben und mit Salz und Pfeffer würzen. Die Mayonnaise kaltstellen. Den Sellerie in Scheiben schneiden und in Salzwasser bissfest garen. Danach abgießen und abkühlen lassen. Die Selleriescheiben dünn mit Senf bestreichen und in den Semmelbröseln wenden. Den Sellerie in reichlich Öl von beiden Seiten braten und mit Salz sowie Pfeffer würzen. Die Gurken und den Schnittlauch zu den Kartoffeln geben. Alles abschmecken und mit dem Schnitzel sowie der Mayonnaise servieren.

Weizennudeln mit Grünkohl

Zutaten für 4 Portionen:
Chiliflocken
2 Knoblauchzehen
2 TL Agavendicksaft
30 g Ingwer
6 EL Sojasauce
100 g Grünkohl
Salz
270 g Udon-Weizennudeln
4 Eier
400 g Weißkohl
3 EL Bratöl
1 EL Koriandersamen
2 TL gemahlener Kurkuma
1 TL Kreuzkümmel
1 TL Chiliflocken

Zubereitung:
Den Ingwer und den Knoblauch hacken. Den Grünkohl in Stücke schneiden. Die Nudeln nach Packungsanweisung kochen und in kaltem Wasser abkühlen lassen. Danach abtropfen. Den Weißkohl klein schneiden. Den Koriander, die Chiliflocken und den Kreuzkümmel mörsern. Mit dem Kurkuma mischen. In einer Pfanne 2 EL Öl erhitzen. Den Knoblauch und den Ingwer anbraten. Danach die Gewürze hinzugeben und rösten. Den Weißkohl sowie den Grünkohl hinzugeben und 3 Minuten mitbraten. Die fertigen Nudeln hinzugeben und für weitere 3 Minuten braten. In einer separaten Pfanne das restliche Öl erhitzen. Darin die Eier verquirlen und kurz anbraten. Die Eier mit Salz würzen. Die Nudeln mit dem Agavendicksaft sowie der Sojasauce abschmecken. Alles auf Tellern anrichten und mit den Chiliflocken garnieren.

Süßkartoffeln mit Reis-Curry

Zutaten für 4 Portionen:
4 EL Minzblätter
250 g roter Camargue-Reis
150 g Joghurt
1 rote Chilischote
50 g geröstete und gesalzene Erdnüsse
30 g Ingwer
Salz
1 Knoblauchzehe
400 ml Kokosmilch
800 g Süßkartoffeln
2 EL Kokosöl
3 rote Zwiebeln
2 TL Zimtpulver
3 TL Koriandersamen
1 EL Fenchelsaat
3 TL ganzer Kreuzkümmel

Zubereitung:
Den Reis in Salzwasser nach Packungsanweisung garen. Die Chili entkernen und zusammen mit dem Knoblauch sowie dem Ingwer hacken. Die Süßkartoffeln schälen und würfeln. Die Zwiebel in Spalten schneiden. Den Koriander, den Kreuzkümmel und die Fenchelsaat mörsern. Dazu den Zimt geben. In einem Topf das Kokosöl schmelzen. Die Ingwer-Mischung darin anbraten. Die Gewürze hinzugeben und rösten. Dazu 300 ml Wasser, die Süßkartoffeln und die Kokosmilch hinzugeben. Alles aufkochen lassen und für 30 Minuten bei geschlossenem Deckel köcheln lassen. Mit Salz abschmecken. Die Erdnüsse hacken. Alles auf einem Teller anrichten, mit den Minzblättern und den Erdnüssen bestreuen.

Süßkartoffeln mit Avocadocreme

Zutaten für 4 Portionen:
2 Handvoll Korianderblättchen
4 kleine Süßkartoffeln
250 g Naturjoghurt
4 EL Olivenöl
1 kleine rote Chilischote
Salz und Pfeffer
2 Knoblauchzehen
2 Avocados
1 Dose Kichererbsen
Saft einer Zitrone

Zubereitung:
Die Süßkartoffeln waschen und längs halbieren. Die Schnittfläche mit Olivenöl bestreichen. Salz und Pfeffer darauf verteilen. Die Süßkartoffeln mit der Schnittfläche nach unten für 10–15 Minuten grillen und garen. Danach wenden. Die Avocados entkernen. Das Fruchtfleisch mit der Hälfte des Zitronensafts vermischen und mit Salz und Pfeffer würzen. Die Kichererbsen abtropfen und abbrausen. Die Knoblauchzehen schälen und durch eine Presse drücken. Die Chili klein schneiden und mit den Kichererbsen, dem Knoblauch sowie dem Joghurt mischen. Das Ganze mit dem Zitronensaft, Salz und Pfeffer abschmecken. Die Korianderblättchen hacken. Die Kartoffeln mit den Kichererbsen und der Avocadocreme vermengen. Zum Schluss die Korianderblättchen darüberstreuen.

Reis mit Chicorée und Avocado

Zutaten für 4 Portionen:
300 g roter Camargue-Reis
Pfeffer
1 EL flüssiges Kokosöl
1 Avocado
1 TL Kurkumapulver
5 EL Zitronensaft
1/2 TL gemahlener Kreuzkümmel
1 Chicorée
1/4 TL Paprikapulver edelsüß
9 EL Olivenöl
8 Radieschen

Zubereitung:
Den Reis in Salzwasser nach Packungsanweisung garen. Den Backofen auf 180 °C Umluft vorheizen. Die Kichererbsen abspülen, abtropfen und mit dem Kokosöl sowie den Gewürzen und Salz vermischen. Das Ganze auf einem Backblech verteilen und für 15 Minuten im Backofen rösten. Die Radieschen waschen und würfeln. Mit Salz, Pfeffer und 2 EL Öl mischen. Den Chicorée putzen und in Streifen schneiden. Den Chicorée mit 1 EL Zitronensaft und 1 EL Öl vermischen. Die Avocado halbieren, entkernen und das Fruchtfleisch in Spalten schneiden. Die Avocado mit 1 EL Zitronensaft beträufeln und mit Salz und Pfeffer würzen. Das restliche Öl mit dem übrigen Zitronensaft mischen. Den fertigen Reis abtropfen lassen. Alles auf einem Teller anrichten und mit der Öl-Zitronenmischung beträufeln.

Gemüse aus dem Ofen

Zutaten für 4 Portionen:
2 EL Senf
300 g Berglinsen
150 ml Olivenöl
1 Bund Radieschen
30 g geriebener Parmesan
500 g Kohlrabi
30 g Sonnenblumenkerne
5 Karotten
60 g Bärlauch
4 EL Bratöl
Salz und Pfeffer

Zubereitung:
Den Backofen auf 180 °C Umluft vorheizen. Die Linsen nach Packungsanweisung garen, die Radieschen halbieren. Den Kohlrabi schälen und in Scheiben schneiden. Die Karotten schälen, halbieren und vierteln. Das gesamte Gemüse mit dem Öl mischen und mit Salz sowie Pfeffer würzen. Alles auf Backpapier verteilen und für 20 Minuten garen. Den Bärlauch klein schneiden und mit dem Käse, den Sonnenblumenkernen sowie dem Olivenöl pürieren. Das Ganze mit Salz abschmecken. Die Linsen abgießen und den Senf unterrühren. Die Linsen mit Pfeffer und Salz würzen. Das Gemüse mit den Linsen anrichten. Darauf das Pesto verteilen.

Kürbisgnocchi mit gebratenem Rosenkohl

Zutaten für 4 Portionen:
100 g Parmesan
500 g Rosenkohl
Salz und Pfeffer
4 EL Bratöl
2 Salbeistiele
150 ml Gemüsebrühe
100 g halbgetrocknete Tomaten
400 g küchenfertige Kürbisgnocchi
1 EL Butter

Zubereitung:
Den Rosenkohl halbieren und für 6–8 Minuten in Öl anbraten. Die Gemüsebrühe hinzugeben und den Rosenkohl garen. Danach die Gnocchi sowie die Butter hinzugeben und mitbraten, die Tomaten und den Salbei in Streifen schneiden. Beides hinzugeben und mit Salz und Pfeffer abschmecken. Vor dem Servieren den Parmesan drüberstreuen.

Halloumi mit Spargel-Möhren-Salat

Zutaten für 4 Portionen:
400 g Halloumi
300 g weißer Spargel
3 EL Olivenöl
300 g grüner Spargel
Salz und Pfeffer
1 rote Zwiebel
5 EL Naturjoghurt
4 Dillstiele
4 EL Mayonnaise
3 glatte Petersilienstiele

Zubereitung:
Den Spargel schälen und die Enden entfernen. Danach für 2 Minuten in kochendem Wasser blanchieren. Den Spargel abschrecken. Die Möhren schälen und zusammen mit dem Spargel in Streifen schneiden. Die Zwiebel in Ringe schneiden und die Kräuter abzupfen. Alles mit dem Joghurt und der Mayonnaise mischen. Mit Salz und Pfeffer abschmecken und für 15 Minuten ziehen lassen. Den Halloumi in Scheiben schneiden und mit Öl von beiden Seiten anbraten. Mit dem Salat zusammen servieren.

Kartoffel-Gemüse-Rösti

Zutaten für 4 Personen:
6 EL Olivenöl
600 g Kartoffeln
1 Bund Dill
200 g Lauch
1 rote Zwiebel
200 g Möhren
60 g gesalzene und geröstete Cashewnüsse
Salz und Pfeffer
4 EL Butter
1/2 EL Kümmelsamen
4 EL Erdnussöl
1 EL Speisestärke

Zubereitung:
Die Kartoffeln waschen und für 15 Minuten in Salzwasser garen. Abkühlen lassen, pellen und raspeln. Den Lauch waschen und in Ringe schneiden. Die Möhren schälen und reiben. Alles vermischen und mit Salz, Pfeffer sowie Kümmel würzen. Danach die Speisestärke hinzugeben und alles vermischen. In einer Pfanne Öl und Butter erhitzen. Die Kartoffelmasse portionsweise von allen Seiten anbraten. Die Cashewnüsse hacken. Die Zwiebel schälen und würfeln. Den Dill abzupfen und hacken. Alles mit Olivenöl verrühren und zusammen mit den Rösti servieren.

Nudeln in Pilzsauce

Zutaten für 4 Portionen:
2 Handvoll Petersilienblättchen
500 g gemischte Pilze
Salz und Pfeffer
1 Zwiebel
250 g Sojasahne
2 Knoblauchzehen
400 ml Gemüsebrühe
500 g Nudeln
etwas rote Chilischote
4 EL Olivenöl

Zubereitung:
Die Pilze waschen und gegebenenfalls klein schneiden. Die Zwiebel und den Knoblauch würfeln. Die Nudeln nach Packungsanweisung kochen. Die Pilze mit Olivenöl anbraten. Danach die Zwiebel und den Knoblauch sowie den Thymian hinzugeben. Alles mit dem Chili würzen und für 2 Minuten braten. Mit der Gemüsebrühe ablöschen und einkochen. Die Sojasahne hinzugeben und alles aufkochen lassen. Die Sauce mit Salz und Pfeffer abschmecken. Die fertigen Nudeln mit den Pilzen mischen und nochmals kurz aufkochen. Mit der gehackten Petersilie bestreuen und servieren.

Klassische Linsen mit Spätzle mit Tofu

Zutaten für 4 Personen:
Senf/250 g braune Tellerlinsen
2 EL Öl/400 g Räuchertofu
Salz und Pfeffer
5 EL Rotweinessig/1 Zwiebel
150 g Staudensellerie
3 EL Butter
180 g Karotten
1 TL Tomatenmark
800 ml Gemüsebrühe
1 Lorbeerblatt/500 g Spätzle

Zubereitung:
Die Linsen am Vortag einweichen. Am nächsten Tag 100 g Tofu würfeln. Den restlichen Tofu in Scheiben schneiden. Die Zwiebel würfeln und in 1 EL Butter dünsten. Die Linsen abtropfen und zusammen mit den Tofuwürfeln, dem Tomatenmark, der Brühe und dem Lorbeer zu den Zwiebeln geben. Alles aufkochen und für 20 Minuten köcheln lassen. Die Karotten und den Sellerie schälen. Beides würfeln und mit dem Essig zu den Linsen geben. Nochmals für 10–15 Minuten köcheln lassen. Danach die restliche Butter unterheben und mit Salz und Pfeffer abschmecken. In einer Pfanne Öl erhitzen. Darin die Tofuscheiben anbraten. Den Tofu mit den Linsen und den fertigen Spätzle servieren. Dazu etwas Senf geben.

Kichererbsenbällchen mit Sesammus

Zutaten für 4 Personen:
1 L Frittierfett
250 g getrocknete Kichererbsen
300 g Naturjoghurt
10 glatte Petersilienstiele
2 EL Sesammus (Tahin)
1 Zwiebel
Meersalz
2 Knoblauchzehen
2 EL Mehl
1 TL Backpulver
1/2 TL Zimt
1/2 TL gemahlener Kreuzkümmel
1/2 TL gemahlener Koriander

Zubereitung:
Die Kichererbsen am Vortag über Nacht einweichen. Die Petersilie klein schneiden. Die Zwiebel würfeln und den Knoblauch pressen. Die eingeweichten Kichererbsen mit der Petersilie pürieren und das Backpulver sowie 3 EL Wasser unterrühren. Das Ganze würzen, Mehl und 1 TL Salz untermischen und die Masse für 1 Stunde kaltstellen. Das Sesammus mit dem Joghurt vermischen und mit Salz abschmecken. Das Fett in einem Topf erhitzen. Aus der Kichererbsenmasse ca. 12 Bällchen formen und diese portionsweise für 4–5 Minuten frittieren. Mit der Sesam-Joghurt-Sauce servieren.

Klöße mit Rosenkohlsauce

Zutaten für 4 Personen:
Für die Klöße:
Muskatnuss
350 g Weißbrot
1 Bund glatte Petersilie
300 ml Milch
Salz und Pfeffer
120 g weiche Butter
4 Eier
Für den Rosenkohl:
1/2 Bund Petersilie
500 g Rosenkohl
Salz und Pfeffer
1 Schalotte
100 ml Sahne/1 EL Butter
200 ml Gemüsebrühe

Zubereitung:
Das Weißbrot in Scheiben schneiden und in der Milch für 40 Minuten einweichen. Die Eier trennen. Das Eigelb mit 100 g Butter schaumig schlagen. Das Eiweiß steifschlagen. Das Brot mit der gehackten Petersilie zu dem Eigelb geben. Alles mit Salz, Pfeffer und Muskat würzen. Danach das Eiweiß unterheben. Ein Küchentuch zur Hälfte mit Butter einfetten und die Masse darauf verteilen. Das Tuch fest aufrollen und die Enden verschließen. Das Tuch in kochendes Salzwasser geben und bei geschlossenem Deckel für 45 Minuten köcheln lassen. Nach ca. 22 Minuten das Tuch einmal drehen. Nach 45 Minuten den Kloß herausnehmen und für 10 Minuten abkühlen lassen. Den Rosenkohl blanchieren. Die Schalotte würfeln und in Butter dünsten. Dazu die Gemüsebrühe und die Sahne geben. Danach den Rosenkohl hinzufügen und mit Salz und Pfeffer abschmecken. Den Kloß in Scheiben schneiden und zusammen mit dem Rosenkohl sowie Petersilie anrichten.

Schwarzwurzel mit Petersilienöl

Zutaten für 4 Personen:
150 g Ziegenfrischkäse
2 Bund Schwarzwurzeln
3 EL Haselnusskerne
Saft einer Zitrone
4 EL Olivenöl
3 EL Butter
1 Bund Schnittlauch
Salz und Pfeffer
3 Lorbeerblätter
1 Knoblauchzehe

Zubereitung:
Die Schwarzwurzeln schälen und längs halbieren. Danach in kaltes Wasser mit dem Zitronensaft legen. Eine Pfanne mit Butter einfetten und die Schwarzwurzeln mit der Schnittfläche nach unten hineinsetzen. Das Ganze zu zwei Dritteln mit Wasser bedecken und mit Salz und Pfeffer würzen. Den Knoblauch hinzupressen und die Lorbeerblätter hineinlegen. Alles dünsten und braten, den Schnittlauch mit dem Olivenöl pürieren. Die Haselnüsse hacken und in 1 EL Butter rösten. Die Schwarzwurzel mit dem Öl, den Haselnüssen und dem Ziegenfrischkäse anrichten.

Ingwer-Spaghetti

Zutaten für 4 Personen:
Für die Butter:
1/2 TL Pfeffer/20 g Ingwer
1/2 TL Meersalz/2 Schalotten
1 TL Kurkuma/200 g weiche Butter
1 TL Cayennepfeffer
1 EL Ingwerpulver
1 TL Korianderpulver
Für die Spaghetti:
2 Stiele Basilikum
400–500 g Vollkornspaghetti
1 Dillstiel/60 g Pinienkerne
2 Minzstiele
3 glatte Petersilienstiele

Zubereitung:
Den Knoblauch, die Schalotten und den Ingwer schälen. Alles hacken und mit allen Zutaten für die Butter mischen. Die Masse in eine Folie wickeln und für 30 Minuten im Kühlschrank ruhen lassen. Die Nudeln nach Packungsanweisung kochen. Die Pinienkerne ohne Fett in einer Pfanne rösten. Danach zusammen mit den Kräutern hacken. Die Butter erhitzen. Die Nudeln, die Kräuter sowie die Pinienkerne hinzugeben und mischen.

Käsespätzle mit Apfelringen

Zutaten für 4 Personen:
2 Äpfel
300 g Vollkornweizenmehl
1–2 EL Zucker
200 g Weizenmehl
300 g geriebener Bergkäse
200 g Weizenmehl
6 EL Butter
5 Eier
4 Zwiebeln
2 Eigelbe
80 ml Mineralwasser
Salz

Zubereitung:
Die Mehlsorten mit den Eiern, den Eigelben, dem Wasser sowie 1 TL Salz zu einem Teig verarbeiten. Den Teig zudecken und für 30 Minuten ruhen lassen. Die Zwiebel mit 3 EL Butter braten. Wasser mit 1 EL Salz zum Kochen bringen. Den Teig durch eine Spätzlepresse in das kochende Wasser geben. Die fertigen Spätzle abwechselnd mit dem Bergkäse und den Zwiebeln in eine gefettete Auflaufform geben. Darüber 3 EL Spätzlewasser geben. Die Käsespätzle mit einem gebutterten Backpapier abdecken und bei 180 °C für 10 Minuten backen. In einer Pfanne die restliche Butter mit Zucker erhitzen. Darin die Apfelringe karamellisieren. Die Apfelringe mit den Käsespätzle anrichten.

Gemüseauflauf mit Tomatensauce

Zutaten für 8 Portionen:
Für den Auflauf:
250 g geriebener Gouda
1,5 kg Kartoffeln
Salz und Pfeffer
1,2 kg frischer Brokkoli
Muskat
2 EL Sonnenblumenöl
Majoran
700 ml Vollmilch
8 Eier
Für die Sauce:
Salz und Pfeffer/100 g Zwiebeln
Muskat
50 g Butter
Oregano
50 g Mehl
etwas gekörnte Gemüsebrühe
120 g Tomatenmark
100 ml Sahne

Zubereitung:
Die Kartoffeln für 30 Minuten mit Schale in Salzwasser garen. Abkühlen lassen, pellen und in Scheiben schneiden. Die Brokkoliröschen mit den Kartoffeln mischen und in eine gefettete Auflaufform geben. Die Milch mit den Gewürzen und den Eiern mischen. Das Ganze über die Kartoffeln geben und den geriebenen Gouda darüber verteilen. Den Auflauf für 40 Minuten bei 175 °C backen. Die Zwiebeln würfeln und in Butter anschwitzen. Darüber Mehl streuen und verrühren. Das Tomatenmark hinzugeben und kurz mit anschwitzen. Mit dem Wasser ablöschen und würzen. Die Sauce köcheln lassen. Danach die Sahne hinzugeben und abschmecken. Den Auflauf mit der Tomatensauce zusammen servieren.

Gemüsenudeln mit Sahnesauce

Zutaten für 8 Portionen:
Für die Nudeln:
100 g geriebener Parmesan
800 g Vollkornnudeln
Salz und Pfeffer
geriebene Muskatnuss
100 ml Sonnenblumenöl
700 g Karotten
1 Bund Petersilie
400 g Porree
700 g Brokkoli
Für die Sauce:
Salz und Pfeffer
60 g Butter
geriebene Muskatnuss
60 g Mehl
100 ml Sahne
500 ml Gemüsebrühe
400 ml Vollmilch

Zubereitung:
Die Nudeln nach Packungsanweisung kochen. Danach abspülen und mit Muskat würzen. Die Petersilie mit dem Gemüse klein schneiden. Den Brokkoli in Röschen teilen. Das Gemüse mit dem Öl anschwitzen. Danach den Brokkoli hinzufügen. Das Ganze mit Muskat, Salz und Pfeffer würzen und für 10–15 Minuten garen lassen. Die Butter für die Sauce erhitzen. Das Mehl hineingeben und verrühren. Danach mit der Gemüsebrühe, Sahne und Milch ablöschen. Die Sauce mit Muskat, Salz und Pfeffer würzen. Die Sauce mit den Nudeln und dem Gemüse mischen und anrichten. Darüber die Petersilie und den Parmesan streuen.

Bunte Linsen mit Gemüse

Zutaten für 8 Portionen:
Muskat
200 g braune getrocknete Linsen
Thymian
150 g rote getrocknete Linsen
Rosmarin
Salz und Pfeffer
Oregano
400 g Zwiebeln
Basilikum
1,2 kg bunte Paprika
Kreuzkümmel
150 g Möhren
200 ml Sonnenblumenöl
100 g Porree
1 Bund Petersilie
100 g Tomaten
400 g Brokkoli
800 g Zucchini

Zubereitung:
Die Linsen am Vortag einweichen. Am nächsten Tag kochen, abgießen, abtropfen lassen und mit Salz und Pfeffer würzen. Die Zwiebeln in Streifen schneiden. Die Paprika entkernen. Die Möhren und den Porree in Scheiben schneiden. Die Zucchini und die Tomaten würfeln. Den Brokkoli in Röschen teilen, die Petersilie waschen und klein zupfen. Außer dem Brokkoli das Gemüse in dem Sonnenblumenöl anschwitzen und abschmecken, danach den Brokkoli sowie die roten Linsen hinzugeben. Alles für 10–15 Minuten garen. Zum Schluss die braunen Linsen unterheben und würzen. Zum Servieren mit der Petersilie bestreuen.

Mit Hirse gefüllter Kohlrabi

Zutaten für 4 Portionen:
100 g Gouda
200 g Hirse
1/2 Bund Schnittlauch
1 L Gemüsebrühe
Salz und Pfeffer
4 Kohlrabis
100 ml Schlagsahne
300 g Karotten
4 EL Olivenöl
1 Knoblauchzehe
1 Zwiebel

Zubereitung:
Die Hirse waschen und in 800 ml Brühe nach Packungsanweisung garen. Danach gut abtropfen lassen. Den Kohlrabi schälen und für 25 Minuten in Salzwasser köcheln. Die Karotten schälen und in Stücke schneiden. Die Karotten für 15–20 Minuten in wenig Wasser köcheln lassen. Danach abgießen. Den Knoblauch hacken. Die Zwiebel würfeln und mit dem Knoblauch in 2 EL Öl anbraten. Danach die restliche Brühe sowie die Karotten und die Sahne hinzugeben. Alles kurz köcheln lassen und pürieren. Mit Salz und Pfeffer abschmecken. Den Schnittlauch klein schneiden. Den Gouda reiben. Die Hirse mit der Hälfte des Schnittlauchs und dem restlichen Öl vermischen. Den Kohlrabi aushöhlen und mit der Hirse füllen. Danach in eine Auflaufform geben und mit Käse bestreuen. Das Ganze für 10 Minuten bei 180 °C überbacken. Die Sauce erwärmen und zusammen mit dem Kohlrabi servieren. Zum Schluss etwas Schnittlauch darüberstreuen.

Lauch-Ei-Pizza

Zutaten für 4 Portionen:
50 g Brunnenkresse
400 g Weizenmehl
4 Eier
100 g Polenta
Salz und Pfeffer
1 Würfel Hefe
150 g junge TK-Erbsen
4 EL Olivenöl
180 g Schmand
300 g Mozzarella
5 Stangen Frühlingslauch

Zubereitung:
Das Mehl mit der Polenta sowie 1 TL Salz mischen. Die Hefe in 300 ml warmem Wasser auflösen und zusammen mit 2 EL Öl zu dem Mehl geben. Daraus einen Teig herstellen und mit einem Tuch abgedeckt für 1 Stunde gehen lassen. Den Mozzarella würfeln. Den Lauch putzen und in Ringe schneiden. Die Kresse abzupfen. Den Teig nochmals kneten und in vier Portionen teilen. Die Teigportionen ausrollen und auf ein Backblech legen. Diese mit Schmand bestreichen. Darauf den Mozzarella, die Erbsen und den Lauch geben. Alles mit Salz und Pfeffer würzen. Nacheinander die Pizzen für 12–15 Minuten bei 200 °C Umluft backen. Nach 5 Minuten ein aufgeschlagenes Ei auf die Pizzen geben. Vor dem Servieren Öl drüberträufeln und die Kresse drüberstreuen.

Herzhafte Spinat-Plätzchen

Zutaten für 2 Portionen:
1 EL Zitronensaft
350 g Spinatblätter
Radieschensprossen
1 Zwiebel
40 g Sesamsaat
1 Knoblauchzehe
3 glatte Petersilienzweige
5 EL Olivenöl
4 Radieschen
150 g Ricotta
Muskat
50 g geriebener Parmesan
Salz und Pfeffer
60 g Dinkelmehl
2 Eier

Zubereitung:
Den Spinat waschen. Die Zwiebel würfeln. Den Knoblauch pressen. Die Zwiebel und den Knoblauch in 1 EL Öl kurz in der Pfanne anschwitzen. Danach den Spinat hinzugeben. Das Ganze durch ein Sieb abtropfen und auskühlen lassen. Den Ricotta mit den Eiern, dem Parmesan und dem Mehl verrühren. Die Masse mit Muskat, Salz und Pfeffer würzen und für 15 Minuten quellen lassen. Die Radieschen hobeln. Die Petersilienblätter zupfen. Aus der Ricottamasse 6 Taler formen und von beiden Seiten mit der Sesamsaat bestreuen. In einer Pfanne 3 EL Öl erhitzen. Die Taler darin von allen Seiten portionsweise braten. Die Radieschen mit den Sprossen und der Petersilie sowie dem Zitronensaft und dem restlichen Öl mischen. Zum Schluss mit Salz würzen und servieren.

Süßkartoffelspalten mit Kräuteröl

Zutaten für 4 Portionen:
1/2 Bund glatte Petersilie
1,2 kg Süßkartoffeln
1/2 Bund Basilikum
1 TL ganzer Koriander
160 ml Olivenöl
2 1/2 Knoblauchzehen
80 g Nussmischung
3 EL Bratöl
Salz

Zubereitung:
Die Kartoffeln waschen und achteln. Den Koriander mörsern. Den Knoblauch schälen. Zwei Knoblauchzehen in Scheiben schneiden und zusammen mit dem Koriander und den Kartoffeln sowie dem Öl mischen. Das Ganze auf ein Backblech geben und mit Salz würzen. Die Kartoffeln für 35 Minuten bei 180 °C Umluft garen. In einer Pfanne die Nüsse ohne Fett rösten und hacken. Den restlichen Knoblauch mit Öl pürieren. Die Petersilie sowie den Basilikum hacken und mit den Nüssen pürieren. Das Ganze mit Salz abschmecken. Die fertigen Kartoffeln mit dem Kräuteröl beträufeln und anrichten.

Bratkartoffeln mit Seitan

Zutaten für 4 Personen:
3–4 EL Gemüsebrühe
8 festkochende Kartoffeln
3 TL Maismehl
Olivenöl
Sonnenblumenöl
400 g Champignons
1/2 Tasse Sojasauce
1 rote Zwiebel
2 Gläser fertiger Seitan
2 Knoblauchzehen
1 EL gehackte Petersilie
Salz
1/2 TL Pfeffer

Zubereitung:
Die Kartoffeln schälen und klein schneiden. In einer Pfanne anbraten. Die Champignons und die Zwiebeln klein schneiden. Den Knoblauch pressen und mit etwas Salz braten. Dazu die Kartoffeln, Champignons und die Gewürze geben. Das Ganze kochen lassen. Den Seitan mit 2–3 EL Sojasauce mischen und kneten. Aus der Masse kleine Beutel formen und in einer Pfanne mit Sonnenblumenöl frittieren. Das Mehl mit einem Glas Wasser anrühren und die restliche Sojasauce sowie die Gemüsebrühe in eine Pfanne geben. Dazu die Kartoffel-Mischung und den Seitan geben. Alles mit Wasser bedecken und 5–10 Minuten kochen lassen.

Pfannkuchen mit Spinat

Zutaten für 10 Stück:
2 TL Honig
100 g junger Spinat
1 EL grober Senf
350 ml Milch
250 ml Orangensaft
4 Eier
3 EL Olivenöl
200 g Dinkelvollkornmehl
1 Knoblauchzehe
30 g flüssige Butter
600 g Karotten
Salz
250 g Ziegenweichkäse

Zubereitung:
Den Spinat waschen und mit der Milch pürieren. Aus den Eiern mit dem Mehl, der Spinat-Milch sowie der Butter einen Teig herstellen. Den Teig salzen und für 30 Minuten quellen lassen. Den Käse zerbröseln. Die Karotten schälen und in Scheiben schneiden. Den Knoblauch hacken. In 1 EL Öl die Karotten und den Knoblauch anbraten. Dazu den Orangensaft geben und für 8 Minuten köcheln lassen. Den Honig und den Senf unterrühren. Das Ganze mit Salz abschmecken. Eine Pfanne mit etwas Öl einpinseln. Darin den Teig portionsweise von allen Seiten ausbacken. Die Karotten mit dem Käse mischen und zusammen mit den Spinat-Pfannkuchen servieren.

Knödel mit Mohn und gebratenen Pilzen

Zutaten für 4 Portionen:
2 EL Preiselbeermarmelade
2 Zwiebeln
250 ml Sojasahne
3 EL Öl
Salz und Pfeffer
400 g Mohnbrötchen
500 g gemischte Pilze
200 ml lauwarme Milch
Muskat
4 Eier
1 Bund Petersilie
1 Bund Schnittlauch

Zubereitung:
Die Zwiebeln würfeln. Davon die Hälfte mit 1 EL Öl braten. Die Brötchen in Würfel schneiden und mit der Milch übergießen. Die Eier verquirlen und den Schnittlauch sowie die Petersilie hacken. Die Hälfte der Kräuter mit den Eiern mischen und zu den Zwiebeln geben. Das Ganze mit der Brötchenmasse mischen und einen Teig herstellen. Dann mit Salz und Muskat würzen und für 20 Minuten quellen lassen. Aus dem Teig Kugeln formen. Diese in kochendem Salzwasser für 20 Minuten garen. Die Pilze klein schneiden und mit den restlichen Zwiebeln in 2 EL Öl braten. Mit der Sojasahne ablöschen und für 1 Minute köcheln lassen. Die Pilze mit Salz, Pfeffer und den restlichen Kräutern abschmecken. Die Pilze mit den Knödeln und der Marmelade servieren.

Nudeln mit Sahne-Kohlsauce

Zutaten für 4 Personen:
200 ml Sahne/200 g Weißkohl
1 Bund Schnittlauch/200 g Rotkohl
300 ml Gemüsebrühe/100 g Rosenkohl
1 TL Kümmel/1 Zwiebel
1-2 EL Butter
1 Knoblauchzehe
Salz und Pfeffer
500 g Vollkornnudeln

Zubereitung:
Weißkohl und Rotkohl in Würfel schneiden. Vom Rosenkohl die Blätter entfernen. Die Zwiebel und den Knoblauch würfeln. Die Nudeln nach Packungsanweisung in Salzwasser kochen. Die Butter schmelzen und die Zwiebel, den Weißkohl und den Rotkohl anschwitzen. Den Knoblauch sowie den Kümmel hinzugeben. Alles mit der Gemüsebrühe ablöschen. Danach den Rosenkohl hinzugeben und für 5 Minuten bei geschlossenem Deckel köcheln lassen. Den Schnittlauch klein schneiden. Die Sahne zu dem Gemüse geben und mit Salz, Pfeffer und Muskat abschmecken. Die Nudeln mit der Sauce mischen und servieren. Mit dem Schnittlauch garnieren.

Risotto mit Basilikum und Pfifferlingen

Zutaten für 4 Portionen:
1/2 Topf Basilikum
50 g Butter
100 g geriebener Parmesan
6 EL Olivenöl
300 g TK-Erbsen
60 ml Olivenöl
Salz und Pfeffer
500 g Risotto-Vollkornreis
400 g Pfifferlinge
90 g Schalotten
1,2 L Gemüsefond
250 ml Weißwein

Zubereitung:
Die Butter mit 6 EL Öl erhitzen. Darin den Reis für 2 Minuten dünsten. Die Schalotten klein schneiden. Davon die Hälfte zu dem Reis geben. Mit dem Wein das Ganze ablöschen. Sobald der Wein aufgesogen wurde, 400 ml Gemüsefond hinzugeben und köcheln lassen. Dabei öfter umrühren. Nach und nach immer etwas Gemüsefond hinzugeben. Die Pfifferlinge trocken putzen und mit den restlichen Schalotten in 60 ml Öl dünsten. Mit Salz und Pfeffer würzen. Danach die Erbsen hinzugeben und erwärmen. Zum Schluss den Parmesan unterheben und die Pfifferlinge zusammen mit dem Basilikum zu dem Risotto mischen.

Reisbällchen mit Wirsing und Haselnüssen

Zutaten für 4 Portionen:
Für die Reisbällchen:
200 g Möhren
200 g Langkorn-Vollkornreis
75 g Zwiebeln
1 Ei/1 Vollkornbrötchen
2 Msp. geriebene Muskatnuss
40 g Gouda/1 TL Pfeffer und Salz
1 Knoblauchzehe/1 EL frisch gehackter Salbei
150 g Haselnüsse
1 EL frisch gehackter Rosmarin
50 g feine Haferflocken
1 EL Senf/2 EL Sojasauce
200 ml Olivenöl
Für den Wirsing:
Schale von einer halben Zitrone
700 g Wirsing/Muskat
Salz und Pfeffer
150 g Crème fraîche

Zubereitung:
Reis und Möhren mit 450 ml Wasser bedecken und kochen. Danach abkühlen lassen. Die Brötchen in Wasser einweichen und ausdrücken, die Zwiebeln hacken und den Käse reiben. Den Knoblauch pressen. Die Haselnüsse hacken. Die Hälfte der Haselnüsse rösten. Außer den ungerösteten Haselnüsse und dem Öl, alle Zutaten mischen. Aus der Masse Bällchen formen und in den restlichen Haselnüssen wälzen. Die Bällchen in heißem Olivenöl frittieren. Den Wirsing klein schneiden und in 1 Liter Salzwasser blanchieren. Danach in kaltem Wasser abschrecken. Die Crème fraîche mit dem Wirsing mischen und aufkochen. Das Ganze mit Salz, Pfeffer, Muskat und dem Zitronenabrieb würzen. Den Wirsing mit den Reisbällchen anrichten.

Gefüllte Zucchini

Zutaten für 4 Portionen:
200 g Joghurt
350 ml Gemüsebrühe
Salz und Pfeffer
40 g Rosinen
40 g gehäutete und gewürfelte Tomaten
1/2 TL Zimt
4 Zucchinis
1 TL Kurkuma
2 EL gehackte Petersilie
2–3 TL Harissa
3 EL gehackte Mandeln
200 g Couscous
4 EL Olivenöl

Zubereitung:
Rosinen, Brühe, Kurkuma, Zimt und Harissa in einem Topf aufkochen. Den Couscous hinzugeben und nach Packungsanweisung quellen lassen. Die Mandeln, die Petersilie sowie 2 EL Olivenöl unterheben und mit Salz würzen. Die Zucchini längs halbieren und die Kerne entfernen. Die Tomaten mit dem Öl sowie Salz und Pfeffer in eine Auflaufform geben. Darauf die Zucchini geben und mit dem Couscous füllen. Das Ganze für 30 Minuten bei 220 °C backen. Die Zucchini mit dem Joghurt servieren.

Frikadellen aus Tofu

Zutaten für 4 Personen:
2–3 gehackte Zweige Petersilie
30 g geschälte Sesamsaat
Salz und Pfeffer
20 g Haferflocken
2 Eier
1 gehackte Knoblauchzehe
75 g Semmelbrösel
1 gehackte Zwiebel
1 EL Dijon-Senf
4 EL Olivenöl
50 g getrocknete Tomaten in Öl
200 g Natur-Tofu

Zubereitung:
Die Haferflocken mit dem Sesam ohne Fett rösten. Den Knoblauch und die Zwiebel, in 1 EL Öl dünsten. Den Tofu zerdrücken und die Tomaten klein schneiden. Den Tofu und die Tomaten zusammen mit dem Knoblauch und der Zwiebel pürieren. Danach die Eier und die Semmelbrösel untermischen. Die Masse mit Salz und Pfeffer würzen. Dann den Sesam, die Petersilie und die Haferflocken untermischen. Aus der Masse Frikadellen formen und mit 2–3 EL Öl von allen Seiten braten.

Curry mit Kokos, Erdnüssen und Süßkartoffeln

Zutaten für 4 Portionen:
Salz
1 rote, entkernte Chilischote
frischer Koriander
20 g frischer Ingwer
4 EL Kokos-Chips
1 Knoblauchzehe
80 g geröstete und gesalzene Erdnüsse
1 Zwiebel
150 g TK-Erbsen
600 g Süßkartoffeln
250 g Kokosmilch
1 EL Öl
250 ml Gemüsebrühe
2 TL mildes Currypulver

Zubereitung:
Die Chili hacken. Den Ingwer mit der Zwiebel und dem Knoblauch würfeln. Die Kartoffeln schälen und in Stücke schneiden. In einem Topf Öl erhitzen. Den Ingwer, die Zwiebel, den Knoblauch und die Chili anschwitzen. Danach das Curry sowie die Kartoffeln hinzugeben. Mit der Brühe und der Kokosmilch ablöschen und für 5 Minuten köcheln lassen. Die Erbsen hinzugeben und nochmals für 5 Minuten köcheln lassen. Die Erdnüsse hacken und zu dem Curry geben. Das Ganze mit Salz abschmecken. Die Chips in einer Pfanne rösten. Den Koriander schneiden und zusammen mit den Chips über das Curry geben.

Gebratener Kürbis mit Tagliatelle

Zutaten für 4 Portionen:
2 Eigelbe
400 g Vollkorn-Tagliatelle
250 ml Schlagsahne
Salz und Pfeffer
600 g Hokkaidokürbis
2 EL Olivenöl

Zubereitung:
Die Nudeln nach Packungsanweisung in Salzwasser kochen. Den Kürbis würfeln und für 3 Minuten mit Öl anbraten. Mit Salz und Pfeffer abschmecken. Die Sahne mit 80 ml Nudelwasser zum Kochen bringen. Ebenfalls mit Salz und Pfeffer würzen. Die Eigelbe verquirlen und zu der Sahne geben. Gut verrühren. Die Nudeln mit dem Kürbis und der Sauce servieren.

Süßer Kartoffelauflauf mit Apfel

Zutaten für 4 Portionen:
250 g Feta
800 g festkochende Kartoffeln
1 EL Butter
Salz und Pfeffer
1/2 EL Thymian
2 rote Zwiebeln
1/2 EL fein gehackter Rosmarin
1 EL Öl
3 Eier
3 Äpfel
200 ml Schlagsahne
2 EL Zitronensaft
100 ml Milch

Zubereitung:
Die Kartoffeln in Salzwasser kochen. Danach pellen und in Scheiben schneiden. Die Zwiebeln, in Spalten schneiden und in Öl anbraten. Die Äpfel entkernen und in Scheiben schneiden. Die Apfelscheiben mit Zitronensaft mischen. Die Eier mit der Milch und der Sahne verquirlen. Mit Salz und Pfeffer würzen sowie die Hälfte der Kräuter untermischen. Eine Auflaufform einfetten. Die Kartoffeln abwechselnd mit den Äpfeln sowie dem zerbröselten Feta in die Auflaufform geben. Die Eiermasse darübergeben und mit dem restlichen Käse, den Kräutern und den Zwiebeln bestreuen. Den Auflauf für 25 Minuten bei 200 °C garen.

Brokkoli-Cannelloni

Zutaten für 4 Portionen:
1/2 L Tomatensauce
20 Lasagneplatten
100 g Gouda
100 g geriebener Parmesan
80 g geröstete Pinienkerne
700 g Brokkoliröschen
Salz und Pfeffer
1 Zwiebel
200 g Crème fraîche
3 Knoblauchzehen
200 g Gorgonzola
3 EL Olivenöl

Zubereitung:
Die Lasagneplatten portionsweise für je 5 Minuten in kochendem Salzwasser kochen. Den Brokkoli für 10 Minuten in Salzwasser kochen. Die Zwiebel und den Knoblauch klein schneiden und in Öl dünsten. Den Gorgonzola und die Crème fraîche dazugeben und mit Salz und Pfeffer würzen. 1 EL der Masse in eine Auflaufform geben. Auf jede Teigplatte zwei bis drei Brokkoliröschen verteilen. Darauf 1 EL Gorgonzolacreme, 1 TL Pinienkerne sowie 1 TL Parmesan verteilen. Danach die Teigplatten zusammenrollen. Die Cannelloni in die Auflaufform legen und mit der Tomatensauce bedecken. Darüber den restlichen Parmesan und den Gouda streuen. Zum Schluss die Crème fraîche darüber verteilen und alles für 30 Minuten bei 170 °C backen.

Spaghetti mit Basilikum-Ingwer-Pesto

Zutaten für 4 Personen:
200 g Mozzarella
200 g Spaghetti
4 EL Olivenöl
4 EL saure Sahne
Salz und Pfeffer
1 Zitrone
2 EL Parmesan
4 EL Basilikum
1 EL Walnüsse
50 g Ingwer

Zubereitung:
Die Spaghetti kochen und abschrecken. Den Zitronensaft sowie die saure Sahne darübergeben und vermischen. Den Ingwer hacken und mit dem Basilikum, den Nüssen, dem Parmesan, Salz und Pfeffer zu einem Pesto verarbeiten. Dazu das Olivenöl unterrühren. Die Spaghetti anrichten und die Mozzarellascheiben darauflegen. Mit dem Pesto das Ganze beträufeln.

Nudeln mit vegetarischer Bolognese

Zutaten für 4 Personen:
100 g Parmesan
400 g Farfalle
2 EL gehacktes Basilikum
Salz und Pfeffer
2 EL gehackte Petersilie
50 g Butter
200 ml Tomatensaft
200 g Karotten
200 ml Rotwein
100 g Knollensellerie
2 TL Mehl
100 g Petersilienwurzel
4 EL Olivenöl
100 g Lauch
100 g Zwiebeln

Zubereitung:
Die Nudeln in Salzwasser nach Packungsanweisung kochen. Die Zwiebeln, Karotten, den Lauch, Sellerie und die Petersilienwurzel würfeln. Die Zwiebel in Öl anschwitzen. Danach das Gemüse hinzugeben und mit Mehl bestreuen. Alles verrühren und mit dem Rotwein ablöschen. Danach den Tomatensaft hinzugeben und alles für 5 Minuten kochen lassen. Mit den Kräutern, Salz und Pfeffer abschmecken. Die Nudeln in etwas Butter schwenken und zusammen mit der Sauce anrichten. Darüber etwas Parmesan raspeln.

Braten aus Spinat

Zutaten für 1 Kastenform:
5 Eier
6–8 Brötchen
200 g aufgetauter Blätterteig
250 ml Gemüsebrühe
50 g Pistazien
1 Zwiebel
2–3 EL Semmelbrösel
1 EL Öl
2-3 EL Vollkornmehl
500 g Spinat
100 g Crème fraîche
4 EL gemischte und gehackte Kräuter
1 TL Meersalz
2 Knoblauchzehen

Zubereitung:
Den Backofen auf 200 °C vorheizen. Die Brötchen würfeln und mit der Gemüsebrühe übergießen. Die Zwiebel hacken und in Olivenöl anschwitzen. Danach den Spinat hinzugeben und für 5 Minuten bei geschlossenem Deckel dünsten. Die Kräuter und den zerdrückten Knoblauch zum Spinat geben. Den Spinat mit allen anderen Zutaten außer dem Blätterteig sowie einem Ei zu den Brötchen geben. Das Ganze kneten. Eine Kastenform mit Backpapier auslegen und die Masse hineindrücken. Aus dem Blätterteig ein so großes Stück ausschneiden, dass die Mischung abdeckt ist. Dieses darauflegen und die Ränder mit Wasser bestreichen. Das übrige Ei verquirlen und auf den Blätterteig streichen. Das Ganze für 35–40 Minuten backen.

Fruchtiges Curry

Zutaten für 4 Personen:
50 g Cashewkerne
1/2 Zwiebel
2 EL Grapefruitsaft
1 Knoblauchzehe
250 g Ananas
1 EL Öl
1 Topf Basilikum
4 rote Paprika
1/4 TL Koriander
600 ml Kokosmilch
1/4 TL geriebene Nelken
Salz
2–3 EL Curry

Zubereitung:
Den Knoblauch und die Zwiebel klein schneiden und in Öl dünsten. Die Paprika in Streifen schneiden und hinzugeben. Alles mit der Kokosmilch ablöschen und für 10 Minuten köcheln lassen. Mit Salz und den Gewürzen abschmecken. Von dem Basilikum die Hälfte in Streifen schneiden. Die Ananas klein schneiden und mit dem Basilikum zu der Sauce geben. Nochmals für 5 Minuten köcheln lassen. Das fertige Curry mit dem Grapefruitsaft abschmecken. Die Cashewkerne rösten und den restlichen Basilikum zupfen. Beides über das Curry streuen.

Omelette mit Rosenkohl und Pilzen

Zutaten für 4 Personen:
50 g Butter
400 g Rosenkohl
1 TL Gemüsebrühe-Pulver
200 g Champignons
Pfeffer
2 EL Olivenöl
Kräutersalz
8 Eier
75 ml Milch

Zubereitung:
Den Rosenkohl für 10 Minuten in Salzwasser dünsten und vierteln. Die Champignons in Scheiben schneiden und mit Öl braten. Die Eier trennen. Die Eigelbe mit den Gewürzen und der Milch aufschlagen. Die Eiweiße steifschlagen und vorsichtig unterheben. Das Gemüse mit Butter in einer Pfanne erhitzen und die Eimischung darübergeben. Alles für 12 Minuten bei schwacher Hitze und gelegentlichem Wenden stocken lassen.

Gelber Linseneintopf

Zutaten für 4 Personen:
1 TL Garam Malasa
300 g gelbe Linsen
Meersalz
1 Zwiebel
1 Bund Koriandergrün
2 EL Pflanzenöl
1 TL Kurkuma
1 TL Kreuzkümmelsamen
1 EL Tomatenmark
3 Knoblauchzehen
2 grüne Chilischoten
3 cm Ingwer

Zubereitung:
Die Linsen waschen und für 30 Minuten in Wasser garen. Die Zwiebel in Streifen schneiden. Den Kreuzkümmelsamen in Öl rösten und die Zwiebel hinzugeben. Den Knoblauch hacken. Den Ingwer reiben. Die Chili klein schneiden. Den Knoblauch, den Ingwer und die Chili zusammen mit dem Kurkuma und dem Tomatenmark zu den Zwiebeln geben und schmoren. Ca. 1/4 davon herausnehmen. Den Koriander klein schneiden. Die Linsen abschütten, bis eine breiige Konsistenz entsteht. Die Linsen mit Salz würzen und ebenfalls zu den Zwiebeln geben. Alles verrühren und mit der Hälfte des Koriandergrüns sowie dem Garam Masala abschmecken. Alles in einer Schüssel anrichten. Darüber etwas Chili-Ingwer-Paste geben und das restliche Koriandergrün darüberstreuen.

Gratin aus Kürbis und Polenta

Zutaten für 4 Personen:
Basilikum
200 g Raclettekäse
15 Kirschtomaten
250 ml Milch
Salz und Pfeffer
450 ml Wasser
3 EL Olivenöl
200 g Polentagrieß
70 g Räuchertofu
400 g Hokkaidokürbis
2 TL getrockneter Salbei
1 Lauchstange

Zubereitung:
Basilikum in Streifen schneiden. Den Käse reiben. Milch mit 1 TL Salz und Wasser zum Kochen bringen. Den Salbei und die Polenta einstreuen. Alles für 3–5 Minuten unter Rühren kochen lassen. Danach 70 g Käse hineingeben und verrühren. Die fertige Polenta auf einem Backblech verteilen. Den Lauch in Ringe schneiden. Den Kürbis und den Tofu würfeln. Den Kürbis in 2 EL Öl anbraten. Danach den Lauch hinzugeben. Zum Schluss den Tofu untermischen und mit Salz und Pfeffer würzen. Den Backofen auf 180 °C vorheizen. Eine Auflaufform einfetten. Die Polenta in Stücke schneiden und in die Auflaufform geben. Darüber den Kürbis, die Kirschtomaten und den Basilikum streuen. Das Ganze mit dem restlichen Käse belegen.

Zucchini-Lauch-Omelette

Zutaten für 2 Personen:
4 EL geriebener Parmesan
1 Zucchini
1/2 Bund Basilikum
1 Lauchstange
1/2 Bund Petersilie
1 Knoblauchzehe
4–5 Eier
2 EL Olivenöl
1 Prise Salz und Pfeffer
1 Prise gemahlener Koriander

Zubereitung:
Den Lauch und die Zucchini in Streifen schneiden. Den Knoblauch in Scheiben schneiden. Alles in etwas Öl anbraten und für 10 Minuten bei geschlossenem Deckel dünsten. Mit Salz, Koriander und Pfeffer abschmecken. Die Eier verquirlen und die Kräuter hacken. Die Kräuter mit dem Parmesan unter das Ei rühren. Das Gemüse in eine Pfanne geben und das Ei darüber verteilen. Das Ganze von beiden Seiten braten.

Grießknödel auf Pilzen

Zutaten für 2 Personen:
1/2 Bund Petersilie
30 g weiche Butter
1 TL Kartoffelstärke
1 Ei
1 Tasse Wasser
6–8 EL Weizengrieß
Salz und Pfeffer
1/2 TL Kümmel
1 Prise Muskat
1 TL getrockneter Thymian
400 g gemischte Pilze
1 Zwiebel
1 EL Butter
1 EL Paprikapulver

Zubereitung:
Zuerst die Butter schaumig rühren. Danach das Ei und den Grieß untermischen. Das Ganze mit Salz und Muskat abschmecken und für 15 Minuten ruhen lassen. Die Pilze in Scheiben schneiden, mit Butter andünsten und mit Paprika würzen. Dazu die Zwiebeln geben und nochmals mit Pfeffer, Thymian und Kümmel würzen. Dazu 1 Tasse Wasser geben und die Sauce für 5–10 Minuten kochen lassen. Die Stärke anrühren und zu den Pilzen geben. Das Ganze nochmal aufkochen lassen und abschmecken. Aus der Grießmasse Knödel formen. Diese für 10–15 Minuten in kochendem Salzwasser ziehen lassen. Die Grießknödel mit der Pilzsauce und der gehackten Petersilie servieren.

Kartoffelröllchen mit Gemüse

Zutaten für 4 Personen:
2 EL Dinkel-Vollkornmehl
500 g mehligkochende Kartoffeln
150 ml Gemüsebrühe
Meersalz
1 Blumenkohl
1 Ei
1 Brokkoli
200 ml Sahne
50 g Butter
Muskat
150 g Semmelbrösel
Salz und Pfeffer

Zubereitung:
Die Kartoffeln würfeln und in Salzwasser garen. Danach abgießen und durch eine Kartoffelpresse drücken. Das Ei mit 125 ml Sahne und 100 g Semmelbrösel unter die Kartoffeln mischen. Die Masse mit Muskat, Salz und Pfeffer würzen. Aus der Kartoffelmasse Röllchen formen und in den restlichen Semmelbröseln wälzen. Die Kartoffelröllchen von beiden Seiten in Butter backen. Den Brokkoli und den Blumenkohl in Röschen teilen. Das Gemüse in der Gemüsebrühe für 8 Minuten dünsten. Den Sud mit der Sahne und Mehl vermischen. Das Ganze aufkochen und mit Salz und Pfeffer würzen. Die Kartoffelröllchen mit dem Gemüse und der Sauce servieren.

Bunte Bratkartoffeln

Zutaten für 4 Personen:
50 g saure Sahne
1 kg Kartoffeln
Salz und Pfeffer
2 Möhren
1 Zucchini
1 rote Paprika
1/2 TL getrockneter Oregano
1 gelbe Paprika
1/2 TL getrockneter Thymian
2 EL Olivenöl
1 Brokkoli

Zubereitung:
Die Kartoffeln in Salzwasser mit der Schale garen. Danach pellen. Die Möhren in Scheiben und die Paprika in Streifen schneiden. Beides in Öl anbraten und mit der Brühe ablöschen. Das Ganze für 5 Minuten bei geschlossenem Deckel dünsten. Den Brokkoli in Röschen teilen und mit den Kartoffeln, dem Oregano sowie dem Thymian zu dem restlichen Gemüse geben. Alles für weitere 5 Minuten dünsten. Die Zucchini in Scheiben schneiden und hinzugeben. Für weitere 5 Minuten garen. Das fertige Gemüse für 5 weitere Minuten ausdampfen lassen und mit Salz und Pfeffer würzen. Zum Schluss die Sahne unterheben.

Hirse-Puffer

Zutaten für 2–3 Personen:
Meersalz oder organisches Salz
500 g Hirse
50 g Sesamkerne
1 kleine Möhre (alternativ 1/2 mittelgroße Möhre)
50 g Sonnenblumenkerne
1 1/2 Zwiebeln
1 EL glutenfreies Sojamehl
Extra natives, kaltgepresstes Olivenöl zum Anbraten

Zubereitung:
Die Zwiebeln sowie die Möhre in kleine Würfel schneiden. 1/2 kleingeschnittene Zwiebel zusammen mit der Möhre, der Hirse und 1 TL Meersalz in 2 Liter Wasser geben. Alles für ca. 40 Minuten köcheln lassen. Danach die fertig gekochte Hirse in eine Schüssel geben und die noch übrige bereits geschnittene Zwiebel hinzugeben. Das Sojamehl, die Sonnenblumenkerne, die Sesamkerne und 1/2 TL Meersalz ebenfalls hinzugeben und alles gut miteinander verrühren. Daraus nun Puffer formen. In einer Pfanne etwas Olivenöl erhitzen und die Puffer darin nach und nach anbraten.

Wirsing-Kartoffel-Pfanne

Zutaten für 4 Personen:
Gemüsebrühe
1 Wirsingkohl
3 Knoblauchzehen
Kurkuma
1 rote Paprika
1 Zwiebel
1 große Karotte
Kreuzkümmel
6 Kartoffeln

Zubereitung:
Die dicken Strunkteile werden aus den Wirsingblättern entfernt. Die Blätter werden geteilt und dann in Streifen geschnitten. Diese werden in kochendem Salzwasser 3 Minuten blanchiert. Die Zwiebel, die Kartoffeln, die Möhren und die Paprika in Würfel schneiden und zusammen mit dem flachgeklopften Knoblauch in einer Pfanne anbraten. Das Ganze nun mit 1/2 Tasse Wasser ablöschen und bei geschlossenem Deckel für 5 Minuten dämpfen lassen. Nach Ablauf der 5 Minuten den Wirsing hinzugeben und mit einem gehäuften Teelöffel Gemüsebrühe, Kreuzkümmel und Kurkuma nach Geschmack würzen. Alles gut miteinander verrühren und nochmals für 5–10 Minuten dämpfen lassen. Dabei sollte immer wieder umgerührt werden. Nach Belieben können Sonnenblumenkerne oder Kürbiskerne drübergestreut werden.

Pasta mit Zucchini und Aubergine

Zutaten für 2–3 Personen:
Meersalz und frisch gemahlener schwarzer Pfeffer
300 g Dinkel-Pasta
2 TL Basilikumblätter, getrocknet
1 große gewürfelte Aubergine (ca. 300 g)
1 TL Oregano
3 EL extra nativ Olivenöl
2/3 Tasse Gemüsebrühe
1–2 fein gewürfelte, mittlere Zwiebeln
4 EL getrocknete, gewürfelte Tomaten
3 mittlere, reife, gewürfelte Tomaten
1 große, gewürfelte Zucchini (ca. 400 g)

Zubereitung:
Das Olivenöl in einer großen Pfanne erhitzen. Darin die Zwiebeln, den Knoblauch und die Auberginen für 8–10 Minuten bei gelegentlichem Rühren anbraten. Danach werden die Zucchini und alle Tomaten mit dem Oregano hinzugegeben und nochmals für 6–8 Minuten weitergekocht. Zwischendurch sollte die Masse umgerührt werden, damit nichts anbrennt. Die Dinkel-Pasta wird in der Zwischenzeit in Wasser bissfest gekocht. Anschließend wird die Gemüsebrühe in die Pfanne gegeben und alles mit Salz, Pfeffer und dem getrockneten Basilikum gewürzt. Den Pfanneninhalt nun für einige Minuten weiter köcheln lassen. Zum Servieren wird die fertige Sauce über die Pasta gegeben.

Gemüsecurry

Zutaten für 2 Portionen:
Meersalz und frischer Pfeffer
200 g Möhren
1 TL Currypulver
250 g Brokkoliröschen
100 ml hefefreie Gemüsebrühe
100 g Erbsen
100 ml ungesüßte Kokosmilch
1 EL Öl
1 Knoblauchzehe
1 mittlere Zwiebel

Zubereitung:
Die Zwiebeln und den Knoblauch hacken und zur Seite stellen. Die Möhren werden in Scheiben geschnitten und ebenfalls zur Seite gestellt. In einer Pfanne oder einem Wok das Öl auf mittlerer Flamme erhitzen und die Zwiebeln, den Knoblauch und das Currypulver glasig andünsten. Anschließend die Möhrenscheiben und die Brokkoliröschen hinzugeben und kurz umrühren. Danach wird die Kokosmilch und die Gemüsebrühe hinzugegeben und bei geschlossenem Deckel alles auf kleiner Flamme für 8–10 Minuten geköchelt. Ab und zu sollte alles umgerührt werden. Zum Schluss das Ganze mit Pfeffer, Meersalz und etwas Zitronensaft (bei Bedarf) abschmecken. Alles noch einmal kurz aufkochen lassen und dann servieren.

Ratatouille

Zutaten für 4 Portionen:
1 Tasse Wasser (am besten basisches Wasser)
5 Tomaten
1 Prise Cayennepfeffer/1 große Zucchini
1 Prise Meersalz (oder organisches Salz)
1 große Aubergine
3 EL kaltgepresstes, extra natives Olivenöl
1 grüne Paprika
2 TL Kräuter der Provence (Basilikum, Majoran, Lavendel, Thymian, Oregano, Rosmarin, Salbei)
1 große Zwiebel
2 Knoblauchzehen

Zubereitung:
Von der Paprika und den Tomaten wird die Haut entfernt und das Fruchtfleisch in Würfel geschnitten. Aubergine, Zwiebel, Zucchini und Knoblauch werden in dünne Scheiben geschnitten. Etwas Olivenöl in einer Pfanne oder einem Wok erhitzen. Die Zwiebeln und den Knoblauch darin für einige Minuten andünsten. Anschließend werden die Zucchinischeiben, die Paprikawürfel und die Auberginenscheiben hinzugegeben und für weitere 10 Minuten angebraten. Gelegentlich sollte alles umgerührt werden. Danach werden die Tomaten, die Kräuter und das Wasser hinzugegeben und alles miteinander gut verrührt. Das Ganze nochmals für einige Minuten köcheln lassen. Zum Schluss wird das Ganze mit Salz und Pfeffer abgeschmeckt.

Griechische Linsensuppe

Zutaten für 4 Portionen:
1/2 TL Oregano
300 g kleine griechische Linsen
1 Lorbeerblatt/2 frische Tomaten
Meersalz und frischer Pfeffer
1 Karotte/1 EL frischer Zitronensaft
1/2 Stange Lauch
2 EL kaltgepresstes, extra natives Olivenöl
1 Zwiebel/3–4 Knoblauchzehen

Zubereitung:
Die Linsen werden gut gewaschen und über Nacht in reichlich Wasser eingeweicht. Die Linsen am nächsten Tag abtropfen lassen und für 5 Minuten in heißem Wasser köcheln lassen. Danach werden sie nochmals abgeschüttet und abgetropft. Die Zwiebeln und die Knoblauchzehen werden fein gehackt. Die Tomaten püriert und die Karotten sowie der Lauch in feine Scheiben geschnitten. Nun das Tomatenpüree, die Karottenscheiben, die Zwiebeln, die gehackten Knoblauchzehen und die Lauchscheiben zusammen mit dem Lorbeerblatt in 1/2 Liter Wasser geben und bei starker Hitze zum Kochen bringen. Danach die Linsen hinzugeben und bei schwacher Hitze für mindestens 30 Minuten leicht köcheln lassen. Eventuell muss etwas Wasser nachgegossen werden. Zum Schluss werden das Olivenöl und der Zitronensaft hinzugegeben und alles mit Oregano, Meersalz und Pfeffer abgeschmeckt.

Sellerie-Brokkoli-Suppe

Zutaten 2 Portionen:
Salz und Pfeffer
1 Zwiebel
1/2 bis 1 Liter Mandelmilch
1 ganzer Kopf Sellerie
1–2 Liter Gemüsebrühe
1 Brokkoli
Gewürze nach Wahl zum Abschmecken
1 TL Öl

Zubereitung:
Die Zwiebel hacken und in etwas Wasser in einem großen Suppentopf für ca. 5 Minuten anbraten. Den Sellerie in Stücke schneiden und etwas von den Blättern zum Garnieren zur Seite legen. Den Brokkoli ebenfalls in kleine Stücke schneiden und zusammen mit dem Sellerie in einen Mixer geben. Beide Zutaten so lange mixen, bis das Gemüse fein zerhackt ist. Den Sellerie-Brokkoli-Mix in den Topf zu den Zwiebeln geben und erwärmen. Danach die Gemüsebrühe und die Mandelmilch hinzugeben und für ca. 15–30 Minuten köcheln lassen. Nach Ablauf der Zeit, den gesamten Topfinhalt pürieren, bis eine feine cremige Konsistenz erreicht ist. Zum Schluss wird alles mit Salz und den Gewürzen nach Wahl abgeschmeckt. Die Suppe kann warm oder kalt serviert werden.

Kichererbsen-Salat mit Avocado

Zutaten für 2 Personen:
3 Frühlingszwiebeln
1 Dose Kichererbsen
1 rote Paprika
1 Handvoll frische Spinatblätter
100 g Spargel (frisch oder aus dem Glas)
1 Römersalat
1 Stange Sellerie
3 Tomaten
Für das Dressing:
1 Prise Meersalz
1 Avocado
Extra natives, kaltgepresstes Olivenöl
Saft einer Zitrone

Zubereitung:
Bis auf die Avocado werden alle Zutaten in kleine Stücke geschnitten und in eine Salatschüssel gegeben. Anschließend wird alles miteinander gut verrührt. Das Fruchtfleisch der Avocado in kleine Stücke schneiden und mit dem Zitronensaft und etwas Olivenöl in einen Mixer geben. Alles kurz mixen, bis ein dickflüssiges Dressing entstanden ist. Falls das Dressing zu dickflüssig wird, etwas Wasser hinzufügen. Das fertige Avocado-Salatdressing mit einer Prise Salz über den Salat geben und alles gut miteinander verrühren.

Gefüllte Paprika

Zutaten für 2 Portionen:
Meersalz
1 große Paprika (rot oder gelb)
1 große reife Avocado
7 mittlere frische Karotten
Frische Kräuter zum Abschmecken

Zubereitung:
Zuerst wird die Paprika gewaschen, halbiert und beide Hälften gründlich geputzt. Danach kann sie zur Seite gelegt werden. Die Karotten werden durch eine Saftpresse gedrückt und zu saftigem Fruchtfleisch verarbeitet. Danach wird die Avocado geschält und das Fruchtfleisch mithilfe einer Gabel in das Karottenmus gestampft. Das Karotten-Avocado-Mus kann nun nach Belieben mit Meersalz und frischen Kräutern abgeschmeckt werden. Zum Schluss wird es in die Paprikahälften gefüllt und alles kann serviert werden.

Avocado-Suppe

Zutaten für 1 Portion:
Etwas Wasser (am besten basisches Wasser)
1 Avocado
1 Prise Meersalz
1 Stange Sellerie
1 Prise Pfeffer
1 Spritzer frischer Zitronensaft
1 Handvoll frischer Spinat
1 Tomate

Zubereitung:
Zuerst wird die Tomate in kleine Würfel geschnitten. Danach werden alle anderen Zutaten in einen Mixer gegeben und auf hoher Stufe miteinander püriert. Die fertige Suppe kann nun in eine Suppenschüssel gegeben werden. Die Tomatenwürfel hinzugeben und servieren.

Kartoffelsalat

Zutaten für 4 Personen:
Salz und weißer Pfeffer
1 kg Kartoffeln
3 EL Öl
1/8 Liter Brühe (Instant)
1 Bund Radieschen
4 EL Kräuteressig
1 kleine Stange Porree (Lauch)

Zubereitung:
Zuerst werden die Kartoffeln gewaschen und anschließend für 20 Minuten gegart. Danach wird das Wasser abgeschüttet und die Kartoffel können gepellt und zum Abkühlen zur Seite gestellt. Sobald die Kartoffeln abgekühlt sind, werden sie geviertelt und in Stücke geschnitten. Die Kartoffelstücke nun mit der heißen Brühe übergießen und für 10 Minuten ziehen lassen. In der Zwischenzeit wird aus dem Kräuteressig mit Salz und Pfeffer eine Marinade angerührt. Die Kartoffeln werden nun mit der Marinade vermischt. Das Ganze muss nun nochmals gut durchziehen. Währenddessen wird der Porree geputzt, gewaschen und in feine Ringe geschnitten. Die Radieschen werden ebenfalls geputzt, gewaschen und in feine Scheiben geschnitten. Bevor der Kartoffelsalat angerichtet wird, werden die Radieschen und der Porree mit dem Öl unter den Salat gemischt.

Gemüsepfännchen mit Knoblauch-Dip

Zutaten für 2 Personen:
Für das Pfännchen:
Jodsalz und Pfeffer
4 Lauchzwiebeln
Frische oder getrocknete Kräuter (Oregano, Thymian, Rosmarin)
2 Möhren
1 EL Olivenöl
1 kleine Zucchini
1 rote Paprikaschote
Für den Dip:
Jodsalz und Pfeffer
1 Becher Joghurt
1 Knoblauchzehe
2 EL Sahne
1 EL Olivenöl

Zubereitung:
Zuerst wird das Gemüse geputzt, gewaschen und in feine Streifen geschnitten. Das Olivenöl wird in einer beschichteten Pfanne erhitzt und das Gemüse wird dazugegeben. Nun wird das Gemüse bei mittlerer Hitze und häufigem Wenden, für ca. 15 Minuten bissfest gegart. Zum Schluss wird die Gemüsepfanne mit Jodsalz, Pfeffer und den Kräutern abgeschmeckt. Für den Dip den Joghurt mit der Hafersahne und dem Olivenöl verrühren. Die Knoblauchzehe auspressen und ebenfalls dazugeben. Zum Schluss den Dip mit Salz und Pfeffer abschmecken.

Mangold - Lasagne

Zutaten für 10–12 Personen:
2,5 kg Mangold
2,5 Liter Gemüsebrühe
625 g Champignons
7 EL Mehl
500 g Zwiebeln
7 EL Kokosöl
1000 g Basische Konjak-Lasagneblätter
7 EL Öl

Zubereitung:
Zuerst wird der Mangold geputzt und die grünen Blätter werden von den Stielen entfernt. Die Stiele werden in kurze Streifen geschnitten und die Blätter grob zerkleinert. Alles wird in einem Topf mit kochendem Wasser blanchiert und anschließend abgegossen. Die Champignons werden geputzt und in Scheiben geschnitten. Die Zwiebeln werden gewürfelt und in Öl angeschwitzt. Nun werden die Champignons und die Mangoldstiele hinzugegeben. Bei geschlossenem Deckel wird alles für ca. 10 Minuten gedünstet. Das Kokosöl wird geschmolzen und Mehl wird eingerührt. Das Ganze wird mit der Gemüsebrühe abgelöscht und kurz aufgekocht. Nun wird die Sauce abgeschmeckt. Zum Schluss werden das Gemüse, die Sauce und die Lasagneblätter abwechselnd in eine Auflaufform geschichtet. Zuerst mit der Sauce anfangen und die letzte Schicht muss ebenfalls Sauce sein. Die Lasagne mit dem geriebenen Käse bestreuen und bei 170°C für 40 Minuten backen.

Rote-Beete-Suppe

Zutaten für 4 Personen:
Salz
500 g rote Beete
100 ml Hafersahne
1 Zwiebel
abgeriebene Schale einer Orange
2 Möhren
750 ml Gemüsebrühe
100 g Kartoffeln
ca. 1 cm Ingwer

Zubereitung:
Zuerst werden die Rote Beete und die Zwiebel geschält und anschließend gewürfelt. Die Möhren und die Kartoffeln werden gebürstet und ebenfalls in Würfel geschnitten. Der Ingwer wird geschält und gerieben. In Öl die Zwiebelwürfel anschwitzen lassen und die Rote Beete, die Möhren und die Kartoffeln hinzugeben. Der Ingwer wird danach hinzugegeben und alles wird mit der Gemüsebrühe aufgefüllt. Nun muss das Ganze für ca. 15 Minuten köcheln. Nach Ablauf der 15 Minuten wird der Pfanneninhalt püriert. Jetzt muss alles mit Salz und der abgeriebenen Orangenschale abgeschmeckt werden. Zum Schluss wird die Sahne aufgeschlagen und vor dem Servieren unter die Suppe gezogen. Als Alternative kann anstatt Ingwer und Orangenschale auch etwas Apfelsaft genommen werden.

Leichte Erbsensuppe

Zutaten für 4 Personen:
Salz und weißer Pfeffer
2 Pk. tiefgefrorene Erbsen (je 300 g)
1/2 Becher Hafersahne (100 g)
1 1/4 Liter klare Brühe
3 Bund Kerbel
3 Eier

Zubereitung:
Die Erbsen zusammen mit der Brühe in einem Topf zum Kochen bringen und für ca. 15 Minuten garen. Danach werden die Erbsen mit dem Schneidestab des Handrührgerätes fein püriert. Die Eier werden in kochendes Wasser gegeben und 10 Minuten hartgekocht, danach werden sie geschält, halbiert und das Eiklar wird fein gehackt. Der Kerbel wird unter fließendem Wasser gründlich gewaschen und vorsichtig trocken geschüttelt. Anschließend werden einige Stiele zur Seite gelegt und der Rest wird fein gehackt. Das Eiklar und der Kerbel werden in die Suppe gegeben. Danach die Suppe mit Salz und Pfeffer würzen. Die Sahne wird steifgeschlagen und zur Hälfte unter die Suppe gezogen. Der Rest der Sahne wird als Klecks auf die Suppe zum Garnieren gegeben. Das Eigelb wird nun durch eine feine Presse zum Beispiel eine Knoblauchpresse gedrückt und zusammen mit dem beiseitegelegten Kerbel über die Suppe gestreut. Anschließend kann die fertige Suppe serviert werden.

Möhrensalat mit Ananas

Zutaten für 2 Personen:
4 große Blätter Kopfsalat
500 g Möhren
2 EL Kokosflocken
2 Scheiben Ananas
1 EL Rosinen
Für die Marinade:
1 Prise Cayennepfeffer
3 EL Zitronensaft
1 Prise gemahlener Koriander
3 EL Ananassaft
2 EL Öl
1 EL Honig

Zubereitung:
Zuerst werden die Möhren fein geraspelt. Die Ananas wird in kleine Würfel geschnitten und die Rosinen werden gewaschen. Alles zusammen mit den Kokosflocken vermischen.
Für die Marinade: Den Zitronensaft mit dem Ananassaft und dem Honig verrühren. Danach wird alles mit dem Cayennepfeffer und dem Koriander abgeschmeckt und Öl hinzugefügt. Die Marinade wird nun mit dem Salat vermischt und an einen kühlen Ort gestellt, damit der Salat gut durchziehen kann. Vor dem Servieren sollte der Salat nochmals abgeschmeckt werden. Zum Servieren werden die Teller mit den Salatblättern belegt und der Möhrensalat wird darauf angerichtet.

Fruchtiger Fenchelsalat

Zutaten für 4 Personen:
Salz und Pfeffer
200 g Haferahne
Bei Bedarf Honig
2 EL Sonnenblumenöl
Saft von einer halben Zitrone
1/2 Banane
2 EL gehackte Haselnüsse
300 g Fenchel
1 Orange
200 g Äpfel

Zubereitung:
Die saure Sahne wird zuerst mit dem Sonnenblumenöl glattgerührt. Anschließend wird die Banane mit der Gabel zerdrückt und zur Sahne gegeben. Anschließend wird alles abgeschmeckt. Der Fenchel wird geputzt, gewaschen und in feine Streifen geschnitten. Das Fenchelgrün wird fein gehackt und zur Seite gestellt. Die Äpfel werden gewaschen und in feine Würfel geschnitten. Die Apfelwürfel werden nun mit Zitronensaft beträufelt und mit dem Fenchel unter die Salatsauce gemischt. Die Orange wird geschält und anschließend in Spalten geschnitten. Der Fenchelsalat wird nun mit den Orangenspalten, den Nüssen und dem Fenchelgrün garniert.

Überbackener Blumenkohl

Zutaten für 4 Personen:
150 ml Sahne
2 kleine Köpfe Blumenkohl
2 Eigelbe/Salz
1/2 TL geriebene Muskatnuss
Fett für die Form
1 Pk. Erbsen (300 g)/1 TL Curry
30 g Margarine/1/2 Liter Milch
30 g Mandelmehl

Zubereitung:
Der Blumenkohl wird geputzt, gewaschen und in kleine Röschen geteilt. Danach werden die Röschen für 5 Minuten in kochendem Salzwasser blanchiert. 1/2 Liter des Blumenkohlwassers wird durch ein Sieb abgegossen und aufbewahrt. In eine gefettete Auflaufform werden nun die Blumenkohlröschen und die Erbsen gegeben. Für die Sauce wird Fett erhitzt. Das Mandelmehl wird darin angeschwitzt und anschließend mit der Milch und dem aufbewahrten Blumenkohlwasser abgelöscht. Nun muss das Ganze noch mal aufkochen, die Sauce wird mit Salz, Curry und Muskatnuss abgeschmeckt. Das Eigelb wird mit der Sahne vermischt und unter die Sauce gerührt. Über das Gemüse in der Auflaufform wird nun die fertige Sauce gegeben und für 35–40 Minuten bei 200 °C (E-Herd) überbacken. Bei einem Gasherd wird der Auflauf bei Stufe 3 überbacken. Wer möchte, kann hierzu Kartoffelpüree servieren.

Zucchinieintopf

Zutaten für 3 Personen:
Pfeffer aus der Mühle
40 g Margarine
1/8 Liter Wasser
2 Zwiebeln
1 Prise Safran
300 g Zucchini
1 TL Oregano
1 kleiner Wirsingkohl
2 TL Kräutersalz
1 Stange Lauch
250 g Tomaten

Zubereitung:
Die Zwiebeln schälen und in Ringe schneiden. Die Zwiebelringe in einer Pfanne mit Fett glasig dünsten. Die Zucchini in Scheiben, den Wirsingkohl in Streifen und den Lauch in Ringe schneiden. Anschließend werden diese zu den Zwiebeln gegeben und kurz angedünstet. Nun wird das Wasser hinzugegeben und für 20 Minuten alles gegart. In der Zwischenzeit die Tomaten häuten. Diese werden halbiert und nach 10 Minuten mit in die Pfanne gegeben. Zusätzlich wird alles mit Kräutersalz, Pfeffer, Safran und Oregano gewürzt. Kurz bevor das Gericht serviert wird, mit Petersilie bestreuen.

Sellerie-Apfel-Rohkost

Zutaten für 4 Personen:
1 EL gehackte Haselnusskerne
250 g Knollensellerie
1 Kopfsalat
250 g säuerliche Äpfel
4 TL Zitronensaft
1 Becher Joghurt (175 g)

Zubereitung:
Den Sellerie und die Äpfel waschen und anschließend schälen. Die Äpfel werden geviertelt und entkernt. Der Sellerie wird in Stücke geschnitten. Danach werden beide Zutaten geraspelt und sofort mit Zitronensaft beträufelt. Der Joghurt wird glattgerührt. Den Kopfsalat waschen, abtropfen lassen und die Blätter auf vier Teller verteilen. Die Rohkost auf die Salatblätter verteilen und pro Portion einen Joghurt-Klecks draufgeben. Die Haselnusskerne werden zum Schluss drübergestreut.

Erbsensuppe

Zutaten für 4 Personen:
1/2 TL Salz
2 kg frische, grüne Erbsen
Geriebene Muskatnuss
2 Zwiebeln
1 Bund Petersilie
75 g Margarine
4 EL Gemüsebrühe

Zubereitung:
Die Erbsen werden zuerst enthülst, abgespült und abgetropft. Nun werden die Zwiebeln geschält und fein gewürfelt. Die Margarine erhitzen und die Zwiebeln glasig andünsten. Nun werden die Erbsen hinzugefügt und für 3 Minuten angedünstet. Dann die Gemüsebrühe drüberstreuen und mit 1 1/2 Liter kochendem Wasser ablöschen. Die Suppe für 15 Minuten garen, anschließend alles würzen und pürieren. Danach wird alles mit gehackter Petersilie bestreut.

Kräutersuppe

Zutaten für 4 Personen:
Einige Tropfen Zitronensaft
50 g Margarine
Muskat
2 EL Dinkelmehl
1 Liter Mandelmilch
Je 1 Bund Schnittlauch, Petersilie, Dill
3 TL Kondensmilch

Zubereitung:
Zuerst wird die Margarine in einem Topf erhitzt. Danach wird das Mehl eingerührt und angeschwitzt, bis es eine goldgelbe Farbe erreicht hat. Unter Rühren wird nun die Mandelmilch hinzugegossen. Alles zusammen für einige Minuten kochen lassen. Die Kräuter werden in der Zwischenzeit fein gehackt. Die eine Hälfte der fein gehackten Kräuter wird in die Milchmasse gegeben. Diese wird zusätzlich mit Muskat und Salz abgeschmeckt. Die Kräutersuppe wird nun so lange weiter verkocht, bis eine cremige Konsistenz entsteht. Nun wird nochmals abgeschmeckt und die restlichen Kräuter sowie die Kondensmilch eingerührt. Zum Schluss wird die fertige Suppe nochmals mit Zitronensaft abgeschmeckt.

Krautsalat

Zutaten für 1 Schüssel:
1 Prise Cayennepfeffer
1/2 Kohl
1 Tasse Kokosnussmilch (am besten frisches Kokosnussfleisch, das mit dem Kokosnusssaft vermischt ist)
2 mittelgroße Karotten
2 EL kaltgepresstes Olivenöl
1 kleine rote Zwiebel
1/2 EL frischer Zitronensaft
1/2 Tasse Petersilie
1/2 TL Meersalz

Zubereitung:
Die Petersilie wird fein gehackt. Der Kohl, die Karotten und die Zwiebel werden in feine Streifen geschnitten. Alle Zutaten werden in eine Schüssel gegeben und dort gut miteinander vermischt. Die Kokosnussmilch wird nun über dem Salat verteilt und ebenfalls gut mit den anderen Zutaten vermischt. Der fertige Salat muss jetzt gut durchziehen.

Grünkohlsalat

Zutaten für 2 Portionen:
etwas Salz
250 g Grünkohl
2 EL Zitronensaft
200 g Edamame
4 EL natives Olivenöl
75 g getrocknete Cranberrys
100 g Cherrytomaten

Zubereitung:
Zuerst den Grünkohl waschen, den Stiel entfernen und trockenschütteln. Danach den Grünkohl in mundgerechte Stücke zupfen. Olivenöl mit dem Zitronensaft sowie dem Salz verrühren und den Grünkohl damit vermischen. Das Ganze für ca. 10 Minuten im Kühlschrank ziehen lassen. In der Zeit Salzwasser aufkochen und die Edamame für 3–4 Minuten weichkochen. Anschließend abtropfen lassen und mit kaltem Wasser abspülen. Die Cherrytomaten waschen und halbieren. Den Grünkohl mit den Tomaten, Edamame und Cranberrys mischen und den Salat mit Salz und Pfeffer abschmecken.

Curry-Kartoffelpfanne

Zutaten für 2 Personen:
2 EL Sesam
400 g Kartoffeln
Salz und Pfeffer
400 g Spitzkohl
1/2 Dose Kokosmilch
1 Paprika
1 TL Curry
2 Möhren
2 TL Kurkuma
2 EL Öl
2 Zwiebeln

Zubereitung:
Den Spitzkohl zuerst waschen und den Strunk entfernen. Danach den Kohl in feine Streifen schneiden. Die Zwiebeln in feine Würfel schneiden. Die Kartoffeln und die Möhren schälen, waschen und ebenfalls würfeln. Die Paprika waschen, entkernen und in Streifen schneiden. Das Öl in einer Pfanne erhitzen und darin die Zwiebeln, die Kartoffeln sowie die Möhren für ca. 10 Minuten anbraten. Danach den Kohl hinzugeben und alles für ca. 3 Minuten braten. Das Ganze mit der Kokosmilch ablöschen und mit den Gewürzen abschmecken. Alles aufkochen lassen und auf Tellern anrichten. Mit dem Sesam die Kartoffelpfanne bestreuen.

Nockerl

Zutaten für 2 Personen:
Muskatnuss
6 Kartoffeln
weißer Pfeffer
4 Petersilienzweige
Kräutersalz
3 TL natives Olivenöl

Zubereitung:
Die Kartoffeln waschen, schälen und klein schneiden. Die Kartoffelstücke für ca. 15–20 Minuten in einem Dampfgarer weichgaren. In der Zeit die Petersilie waschen und vorsichtig trockenschütteln. Danach die Blätter von der Petersilie zupfen und fein hacken. Die fertigen Kartoffeln zu Brei zerstampfen und mit dem Olivenöl, Salz, Muskat, Pfeffer und der Petersilie vermischen. Mit zwei Esslöffeln aus der Masse Nockerl formen und diese auf Tellern anrichten.

Kartoffel-Kohlrabi-Suppe

Zutaten für 2 Personen:
Petersilie
5 Kohlrabis
Piment
2 Kartoffeln
weißer Pfeffer
1 Schalotte
geriebene Muskatnuss
3 EL Sonnenblumenöl
Kräutersalz
750 ml Wasser
1 TL gluten- und hefefreie Gemüsebrühe ohne Glutamat

Zubereitung:
Die Kartoffeln und die Kohlrabis waschen und schälen. Danach die Kohlrabis in Stücke schneiden. Die Kartoffeln und die Schalotte fein hacken. In einem Topf das Öl erhitzen. Darin die Schalotten andünsten. Anschließend die Kartoffeln und die Kohlrabis hinzugegeben und alles für weitere 2 Minuten dünsten lassen. Das Ganze mit dem Wasser sowie der Gemüsebrühe ablöschen und alles zum Kochen bringen. Die Suppe für weitere 15–20 Minuten garen lassen. Danach alles mit den Gewürzen abschmecken und pürieren. Die Petersilie waschen und fein hacken und über die Suppe streuen.

Kohlrabi-Karotten-Suppe

Zutaten für 4 Portionen:
Koriandergrün
etwas Kokosmilch
Für die Suppe:
200 g Kohlrabi
400 g Karotten
Salz und Pfeffer
40 g Zwiebeln
1 TL Curry
10 g Ingwer
150 ml Kokosmilch
1 kleine Chilischote
600 ml Gemüsefond
20 g Butter

Zubereitung:
Die Zwiebeln und die Karotten schälen. Beides würfeln. Den Ingwer schälen und fein hacken. Die Chilischote halbieren, entkernen und fein schneiden. In einem Topf die Butter schmelzen. Darin die Chili, die Karotten, den Ingwer und die Zwiebel dünsten. Mit der Kokosmilch und dem Gemüsefond alles ablöschen. Das Ganze mit den Gewürzen abschmecken und für 20 Minuten bei geringer Hitze köcheln lassen. In der Zeit den Kohlrabi waschen, schälen und würfeln. Die fertige Suppe pürieren und die Kohlrabiwürfel hineingeben. Alles nochmals für 8 Minuten köcheln lassen. Mit dem Koriandergrün und der Kokosmilch die Suppe vor dem Servieren garnieren.

Erdbeersalat

Zutaten für 4 Portionen:
Für das Dressing:
2 EL Traubenkernöl
2 EL Balsamico Bianco
1 Prise Stevia
Salz und Pfeffer
Für den Salat:
1 TL rote Pfefferbeeren
400 g Erdbeeren
12 Basilikumblätter
100 g Rucola

Zubereitung:
Die Erdbeeren waschen und das Grün entfernen. Danach abtropfen lassen und in Scheiben schneiden. Den Rucola ebenfalls waschen und die Stiele entfernen. Beides zusammen mit dem Basilikum auf Tellern verteilen. Für das Dressing alle Zutaten miteinander vermischen und über den Salat geben. Mit den Pfefferbeeren das Ganze garnieren.

Feldsalat mit Champignons

Zutaten für 2 Portionen:
2 EL Sonnenblumenkerne
300 g Feldsalat
1 TL Sesamöl
200 g weiße Champignons
1 Apfel
1 Avocado
300 g Kirschtomaten
<u>Für das Dressing:</u>
Salz und Pfeffer
1/2 Bund Petersilie
4 EL Olivenöl
Saft von einer halben Zitrone
1 EL Agavendicksaft
2 EL Apfelsaft

Zubereitung:
Den Feldsalat waschen und trockenschleudern. Die Champignons in Scheiben schneiden und die Avocado entsteinen. Danach die Avocado schälen und in Streifen schneiden. Den Apfel waschen und das Kerngehäuse entfernen. Danach den Apfel würfeln. Die Petersilie fein hacken und zusammen mit den restlichen Zutaten für das Dressing vermischen. In einer Pfanne das Öl erhitzen und die Sonnenblumenkerne kurz rösten. Den Feldsalat, die Champignons, die Tomaten und den Apfel mit dem Dressing vermischen. Darüber die Sonnenblumenkerne streuen.

Fruchtiger Salat

Zutaten für 2 Portionen:
Zitronensaft
100 g Sellerie
Salz und Pfeffer
100 g Apfel
100 g Ananas
2 EL Lupinenjoghurt
20 g Kopfsalat
6 Walnüsse

Zubereitung:
Den Sellerie zuerst schälen und in Streifen schneiden. Dann mit etwas Zitronensaft beträufeln. Den Apfel schälen und das Kerngehäuse entfernen. Danach den Apfel raspeln und ebenfalls mit etwas Zitronensaft beträufeln. Den Joghurt mit Salz und Pfeffer abschmecken. Danach Apfel und Sellerie unterheben. Anschließend die Walnüsse hacken und die Ananas würfeln. Beides ebenfalls unter den Salat mischen und das Ganze auf 2 großen Salatblättern anrichten.

Nudelsalat

Zutaten für 2 Portionen:
Salz und Pfeffer
50 g Vollkornnudeln
Kräuter
50 g Karotten
Essig
1/2 rote Paprika
1 mittelgroße Gewürzgurke
6 schwarze Oliven
1 TL Olivenöl
2 EL Lupinenjoghurt

Zubereitung:
Die Nudeln nach Packungsanweisung kochen und kalt abschrecken. Danach die Karotten, die Paprika, die Gurke in Würfel schneiden. Die Oliven halbieren. Aus dem Joghurt, dem Essig, dem Olivenöl, Salz und Pfeffer eine Marinade herstellen und die Oliven darin ziehen lassen. Danach alles miteinander vermischen und mit den Kräutern garnieren.

Frühlingssalat

Zutaten für 2 Portionen:
Salz und Pfeffer
1 EL Oregano
2 mittelgroße Tomaten
1 EL Zitronensaft
1 Paprika
1 EL Balsamico Essig
1/2 Salatgurke
1 EL Olivenöl
1 rote Zwiebel
8 Oliven
1 Chilischote

Zubereitung:
Das Gemüse waschen und klein schneiden. Die Zwiebel in Ringe schneiden. Alles zusammen vermischen. Aus dem Olivenöl, dem Essig und dem Zitronensaft ein Dressing herstellen und mit dem Oregano abschmecken. Das Dressing über den Salat geben und alles gut verrühren. Zum Schluss das Ganze nochmals mit Salz und Pfeffer abschmecken.

Linsenchili

Zutaten für 4 Portionen:
mexikanische Gewürzmischung nach Bedarf
2 Tassen rote Linsen
2 Dosen gehackte Tomaten
Gemüsebrühe nach Bedarf
etwas Öl
1 Dose Mais
2 EL Mandelmus
3 rote Paprikaschoten
Chilipulver
Grüne Bohnen nach Bedarf
Paprikapulver
1 Zwiebel
Cayennepfeffer
2 Knoblauchzehen
Pfeffer

Zubereitung:
4 Tassen Gemüsebrühe aufkochen und die Linsen darin für ca. 10 Minuten kochen lassen. In der Zeit die ganze Zwiebel in einem Topf anbraten. Die Paprika in Würfel schneiden und mit den Bohnen zu der Zwiebel geben. Das Ganze mit den Tomaten ablöschen und würzen. Den Knoblauch pressen und ebenfalls hinzugeben. Danach den Mais und zum Schluss die fertiggekochten Linsen hinzufügen. Zum Schluss das Mandelmus einführen und nochmals abschmecken.

Möhren-Mandelsuppe

Zutaten für 2 Portionen:
1 gehäufter TL getrockneter Koriander
etwas Öl
1 Prise Salz
1 Zwiebel
1 gestrichener TL Instant-Gemüsebrühe
400 g Möhren
1 cm frischer Ingwer
100 ml Mandelmilch

Zubereitung:
Die Zwiebel und den Ingwer klein würfeln. Die Möhren ebenfalls in Würfel schneiden. In einer Pfanne das Öl erhitzen. Darin die Zwiebel anschwitzen. Danach den Ingwer hinzugeben und zusammen mit den Möhren bei geschlossenem Deckel für einige Minuten braten lassen. In der Mandelmilch die Gemüsebrühe auflösen und damit die Möhren ablöschen. Alles gut miteinander verrühren. Bei geringer Hitze die Möhren bissfest garen lassen. Zum Schluss alles mit dem Koriander abschmecken und auf einem Teller anrichten.

Kartoffelsalat mit Zitronendressing

Zutaten für 1 Portion:
Kräuter nach Geschmack
400 g festkochende Kartoffeln
1 TL Hanfsamen
Salz und Pfeffer
1/2 Zwiebel
1 TL gekörnte Gemüsebrühe
2 EL Olivenöl
1/2 Zitrone

Zubereitung:
Die Kartoffeln kochen und abkühlen lassen. Danach pellen und in Scheiben schneiden. In heißem Wasser die Gemüsebrühe anrühren und über die Kartoffeln geben. Die Zitrone auspressen und den Zitronensaft mit dem Öl und den Gewürzen vermischen. Die halbe Zwiebel in Ringe schneiden und zusammen mit den Hanfsamen zu den Kartoffeln geben. Danach das Dressing darüber verteilen und alles gut vermischen.

Gebratener Brokkoli

Zutaten für 2 Portionen:
Salz und Cayennepfeffer
etwas Rapsöl
1 TL gekörnte Gemüsebrühe
1 rote Zwiebel
2 gehäufte TL Kastanienmehl
500 g Brokkoli
150 ml Milch
400 g Champignons

Zubereitung:
Von dem Brokkoli die Röschen trennen. Die Champignons in Scheiben schneiden und die Zwiebel würfeln. Den Brokkoli garen, in der Zeit das Öl in einer Pfanne erhitzen und die Zwiebel darin andünsten. Danach die Champignons hinzugeben und anbraten. Das Ganze mit der Gemüsebrühe, Salz und Cayennepfeffer würzen. Die Champignons mit der Hälfte der Milch ablöschen und den fertigen Brokkoli hinzugeben. Alles gut verrühren. Das Kastanienmehl mit der restlichen Milch glattrühren und unter das Gemüse rühren.

Paprikapfanne

Zutaten für 1 Portion:
1 cm Ingwer
150 g rote Spitzpaprika
1 Prise Salz
150 g grüne Spitzpaprika
1 TL Kokosmehl
150 g weiße Spitzpaprika
100 ml cremige Kokosmilch
1 TL Kokosöl
1 Knoblauchzehe
1 Zwiebel

Zubereitung:
Die Paprika waschen und entkernen. Das Fruchtfleisch in Streifen schneiden. Die Zwiebel halbieren und ebenfalls in Scheiben schneiden. Den Knoblauch und den Ingwer in feine Würfel schneiden. Das Kokosöl in einer Pfanne erhitzen und die Zwiebel dünsten. Danach den Ingwer und den Knoblauch hinzugeben. Anschließend die Paprika hinzufügen und alles unter Rühren für einige Minuten erhitzen. Mit der Kokosmilch das Ganze ablöschen und die Hitze reduzieren. Bei geschlossenem Deckel garen lassen. Zum Schluss alles mit Salz abschmecken.

Kartoffel-Gemüse-Eintopf

Zutaten für 2 Portionen:
2 TL Sambal Oelek
etwas Öl
200 ml Gemüsebrühe
1 Zwiebel
300 ml Milch
6 kleine Kartoffeln
2 große, rote Spitzpaprika
500 g Brokkoli

Zubereitung:
Den Brokkoli in Röschen teilen. Die Kartoffeln schälen und in Würfel schneiden. Die Paprika entkernen und klein würfeln. Etwas Öl in einem Topf erhitzen. Darin die Zwiebeln dünsten. Danach die Kartoffeln hinzugeben und anbraten. Anschließend das restliche Gemüse hinzugeben. Mit der Milch und der Gemüsebrühe alles ablöschen. Zum Schluss den Eintopf mit dem Sambal Oelek abschmecken. Das Ganze bei geschlossenem Deckel und geringer Hitze so lange garen lassen, bis die gewünschte Konsistenz erreicht ist.

Brokkoli-Mandel-Pfanne

Zutaten für 2 Portionen:
1 Prise Salz/500 g Brokkoli
1 Handvoll gehobelte Mandeln
100 ml Mandelmilch

Zubereitung:
Den Brokkoli zuerst in Röschen teilen. Mit Mandelmilch den Boden einer Pfanne bedecken. Anschließend den Brokkoli und die Mandeln hineingeben. Alles aufkochen lassen und bei geringer Hitze so lange kochen lassen, bis der Brokkoli weich ist. Zum Schluss das Ganze mit Salz abschmecken.

Möhren-Paprika-Pfanne mit Kokossauce

Zutaten für 1 Portion:
1 Prise Salz/1 EL Öl/4 TL Koriander/1 Zwiebel
2 EL cremige Kokosmilch/250 g Karotten/1 EL Zitronensaft
150 g hellgrüne Paprikaschoten

Zubereitung:
Die Zwiebel und die Möhren schälen und klein würfeln. Die Paprika waschen und die Kerne entfernen. Das Fruchtfleisch ebenfalls in Würfel schneiden. In einer Pfanne Öl erhitzen. Die Zwiebel darin glasig andünsten. Danach die Möhren hinzugeben und die Pfanne mit einem Deckel verschließen. Sobald die Möhren al dente sind, die Paprika in die Pfanne geben und wieder mit dem Deckel verschließen. In der Zeit die Kokosmilch mit dem Zitronensaft verrühren. Die Zitronen-Kokosmilch-Mischung zu dem Gemüse geben und verrühren. Alles bei geschlossenem Deckel so lange garen, bis die gewünschte Bissfestigkeit erreicht ist. Mit dem Koriander und Salz das Ganze abschmecken.

Paprika-Kichererbsen-Salat

Zutaten für 1 Portion:
1 Prise rosenscharfes Paprikapulver
1 Paprika/1 Dose Kichererbsen
1/4 TL Garam Masala/1 EL Zitronensaft
1/4 TL Kreuzkümmel/1 EL neutrales Öl
1/4 TL Salz/1 Frühlingszwiebel
1 Prise Chilipulver/1/4 TL Kurkuma

Zubereitung:
Zuerst die Paprika waschen und klein schneiden. Die Frühlingszwiebel putzen und in dünne Ringe schneiden. Die Kichererbsen inklusive Saft zusammen mit dem Öl, dem Zitronensaft, der Frühlingszwiebel und der Paprika vermischen. Das Ganze mit den Gewürzen abschmecken. Den Salat gut ziehen lassen bevor er serviert wird.

Milchsuppe mit Koriander

Zutaten für 1 Portion:
Salz
4 Korianderblätter
1 TL gekörnte Gemüsebrühe
300 ml Pflanzenmilch
1 EL Öl

Zubereitung:
Die Korianderblätter gut waschen. In einer Pfanne das Öl erhitzen. Darin die Korianderblätter angehen lassen. Das Ganze mit der Milch ablöschen. Mit der Gemüsebrühe und dem Salz abschmecken und alles bei geringer Hitze und geschlossenem Deckel köcheln lassen. Dabei immer umrühren. Zum Schluss das Ganze pürieren.

Glasnudeln mit Gemüse

Zutaten für 2 Portionen:
1 Handvoll Cashewnüsse
1 Zwiebel
1 EL Kokosöl
1 Stange Lauch
2 EL süße Sojasauce
2 Möhren
2 EL Tamarisauce
1 Handvoll Brokkoliröschen
50 g Glasnudeln

Zubereitung:
Die Zwiebel klein schneiden. Öl in einer Pfanne erhitzen. Darin die Zwiebel andünsten. In der Zeit die Möhren und den Lauch in Streifen schneiden. In heißem Wasser die Glasnudeln einweichen. Die Möhren zu den Zwiebeln geben und anschwitzen lassen. Danach den Lauch sowie die Tamarisauce und die Sojasauce hinzugeben. Anschließend den Brokkoli in die Pfanne geben und alles bei geschlossenem Deckel garen lassen. Die Glasnudeln in dem Wasser klein schneiden, abgießen und ebenfalls zu dem Gemüse geben. Alles gut miteinander verrühren.

Einfache Bratkartoffeln

Zutaten für 2 Portionen:
Salz
1 Stange Lauch
350 g Kartoffeln
1 rote Zwiebel
3 EL Öl

Zubereitung:
Die Kartoffeln schälen und klein würfeln. Den Lauch spalten und waschen. Danach in kurze Streifen schneiden. Die Zwiebel klein würfeln. In einer Pfanne das Öl erhitzen. Darin die Zwiebel dünsten. Anschließend die Kartoffeln hinzugeben und unter Wenden anbraten. Danach den Lauch hinzugeben und ebenfalls anbraten. Zum Schluss die Bratkartoffeln mit Salz abschmecken.

Snacks

Tofu-Bällchen mit Linsen

Zutaten für 16 Bällchen:
4 EL Olivenöl
75 g Berglinsen
4 EL Sesam
200 g Räuchertofu
50 g Vollkorn-Semmelbrösel
1 EL Sojasauce
1/2 TL Pfeffer
1 TL Salz
1 TL gemahlener Kreuzkümmel
1 Ei

Zubereitung:
Die Linsen mit der doppelten Menge Wasser zum Kochen bringen und für 25 Minuten garen. Danach abgießen. 100 g der Linsen mit 150 g Tofu sowie der Sojasauce pürieren und mit Salz würzen. Den restlichen Tofu bröseln und mit den übrigen Linsen sowie dem Ei, dem Kreuzkümmel, Semmelbrösel und Pfeffer zu einem Teig verarbeiten. Daraufhin Bällchen formen und diese in Sesam wälzen. In einer Pfanne das Olivenöl erhitzen und die Bällchen von allen Seiten braten.

Nuss-Mix zum Knabbern

Zutaten für 4–6 Portionen:
2 TL Olivenöl
30 g getrocknete Tomaten
1/4 TL Chilipulver
50 g Cashewkerne
1/4 TL Knoblauchpulver
50 g Mandeln
1/2 TL Zwiebelpulver
50 g Walnusskerne
1/2 TL Thymian
50 g Kürbiskerne
1 TL Oregano
1 EL Hefeflocken

Zubereitung:
Den Backofen auf 160 °C Ober- / Unterhitze vorheizen. Die Tomaten in Stücke schneiden und mit den restlichen Zutaten vermischen. Das Ganze auf ein Backblech geben und für 15 Minuten backen. Nach 10 Minuten wenden und zum Schluss auskühlen lassen.

Käse-Sandwich

Zutaten für 2 Portionen:
2 Handvoll Rucola-Salat
2 kg Pink Grapefruits
Salz und Pfeffer
1 kg Gelierzucker 2:1
2 Scheiben Bergkäse
250 g gemischte Chilis
4 Scheiben junger Gouda
4 Scheiben Toastbrot
1 Strauchtomate
2 EL Butter
1/4 Salatgurke

Zubereitung:
Die Grapefruit filetieren und den Saft dabei auffangen. Die restliche Grapefruit auspressen. Den Saft mit dem Gelierzucker aufkochen und für 2 Minuten köcheln lassen. Die Chilis waschen und klein schneiden. Die Grapefruitfilets mit den Chilis für 5 Minuten in dem Saft kochen. Die fertige Marmelade in Gläser füllen. Die Toastscheiben mit Butter bestreichen. Die Tomate und die Gurke in Scheiben schneiden. Auf zwei Brotscheiben je 2 EL Marmelade, Käse, Gurken- und Tomatenscheiben legen. Dann mit Salz und Pfeffer würzen und die andere Brotscheibe darauflegen. Den Backofen auf 200 °C Umluft / Grill vorheizen. Die Sandwiches in einer Pfanne von beiden Seiten anbraten. Danach die Pfanne in den Backofen stellen und für 5 Minuten überbacken. Zum Servieren mit dem Rucola anrichten.

Lauchröllchen mit Ziegenkäse

Zutaten für 10 Stück:
150 g Ziegenfrischkäse
225 g Weizenvollkornmehl
Salz und Pfeffer
60 ml lauwarmes Wasser
2 EL Butter
1 Beutel Trockenhefe
50 g getrocknete Tomaten
60 ml Joghurt
1 Lauchstange
2 EL Olivenöl
1 rote Zwiebel
1/4 TL Meersalz

Zubereitung:
Das Mehl mit der Hefe, dem Salz, dem Wasser, dem Öl und dem Joghurt zu einem Teig kneten. Diesen für 30 Minuten an einem warmen Ort gehen lassen. Die Zwiebel würfeln. Den hellen Teil des Lauchs in Ringe schneiden. Die Tomaten hacken. Den Backofen auf 200 °C Ober- / Unterhitze vorheizen. Den Teig ausrollen. In einer Pfanne Butter erhitzen und die Zwiebel, den Lauch und die Tomaten glasig dünsten. Mit Salz sowie Pfeffer abschmecken. Den Ziegenfrischkäse auf den Teig streichen und mit der Tomaten-Lauch-Masse belegen. Alles aufrollen und in Scheiben schneiden. Diese auf ein Backblech geben und für 12–15 Minuten backen.

Frittierte Chili-Kartoffeln

Zutaten für 4 Portionen:
1 TL Meersalz
1 kg mehligkochende Kartoffeln
1–2 TL Chiliflocken
450 g Tomaten
700 ml Frittieröl
150 g Zwiebeln
150 g Cheddar
1–2 EL Bratöl
Salz und Pfeffer
15 ml Weißweinessig
2 gehäufte EL Mayonnaise
1 EL Rohrzucker
4 gehäufte EL Apfelmus
40 ml Orangensaft
1 TL Zitronenabrieb

Zubereitung:
Die Kartoffeln in Stifte schneiden und für 2 Stunden in kaltem Wasser einweichen. Die Tomaten und die Zwiebeln halbieren. In einer Grillpfanne Bratöl erhitzen und beides für 10 Minuten braten. Danach mit dem Zucker, dem Orangensaft und dem Essig pürieren. Den Cheddar reiben. Die Kartoffeln abtrocknen und in dem Frittieröl frittieren. Zum Schluss den Käse, die Chiliflocken und das Salz über die Kartoffeln geben. Mit der Mayonnaise und dem Tomatenpüree servieren.

Aprikosen-Bällchen

Zutaten für 8 Bällchen:
1 EL geschroteter Leinsamen
50 g Kokosflocken
30 g Cashewnüsse
70 g getrocknete Aprikosen
1/2 TL Zimt
25 g getrocknete Datteln
50 ml Orangensaft
2 EL Tahini

Zubereitung:
Die Datteln mit den Kokosflocken, den Aprikosen, dem Orangensaft, der Sesampaste sowie dem Zimt pürieren. Die Cashewnüsse hacken und mit dem Leinsamen unterheben. Aus der Masse kleine Bällchen formen. Diese für 1 Stunde kaltstellen.

Curryaufstrich für Bagels

Zutaten für 2 Bagel:
30 g rote Rettichsprossen
90 ml Apfelsaft
6 Radieschen
35 g Hirseflocken
2 Bagel
1 Schalotte
Salz und Pfeffer
20 g Kürbiskerne
1 TL mittelscharfer Senf
1 gestrichener TL Curry
1 TL Schmand

Zubereitung:
In einem Topf den Apfelsaft erhitzen. Die Hirseflocken einrühren und für 5 Minuten quellen lassen. Die Schalotte würfeln. Die Kürbiskerne hacken. Die Hirseflocken, die Schalotte, die Kürbiskerne, den Schmand, das Curry und den Senf miteinander verrühren. Mit Salz und Pfeffer abschmecken. Die Bagel aufschneiden und mit dem Aufstrich bestreichen. Die Radieschen in Scheiben schneiden und zusammen mit den Rettichsprossen auf die Bagel verteilen.

Herzhafte Ziegenkäse-Muffins

Zutaten für 4 Muffins:
Kresse
4 Scheiben Vollkorntoast
Salz und Pfeffer
2 EL weiche Butter
2 Petersilienstängel
2 Eier
1/4 Bund Kerbel
50 g Ziegenfrischkäse
1/4 Bund Schnittlauch
80 ml Milch
30 g getrocknete Tomaten
1 Schalotte

Zubereitung:
Den Backofen auf 200 °C vorheizen. Eine Muffinform mit Förmchen auslegen. Die Toastscheiben flach ausrollen und eine Seite mit Butter bestreichen. Die Scheiben mit der bestrichenen Seite in die Muffinform drücken. Die Milch mit den Eiern und dem Ziegenfrischkäse verquirlen. Die Schalotte und die Tomate würfeln. Den Schnittlauch, den Kerbel und die Petersilie hacken. Die Kräuter mit den Tomaten, der Eimasse und der Schalotte vermischen. Mit Salz und Pfeffer abschmecken. Die Masse in die Toastmulden füllen und für 20–25 Minuten backen. Die Muffins auskühlen lassen und mit der frischen Kresse garnieren.

Käse-Sandwich

Zutaten für 4 Portionen:
20 Salbeiblätter
3 rote Zwiebeln
6 EL weiche Butter
1 EL Bratöl
8 Vollkorn-Toastscheiben
150 ml Rotwein
2 TL Chiliflocken
1 EL Ahornsirup
2 TL Paprikapulver edelsüß
1 TL Thymianblättchen
100 g Frischkäse
Salz und Pfeffer
200 g Ziegenweichkäse
100 g Appenzeller
50 g Emmentaler

Zubereitung:
Die Zwiebeln in Ringe schneiden. Das Öl erhitzen und die Zwiebeln darin braten. Mit dem Wein ablöschen und mit dem Sirup sowie dem Thymian köcheln lassen. Mit Salz und Pfeffer abschmecken. Den Emmentaler sowie den Appenzeller reiben. Den Ziegenweichkäse mit dem Frischkäse verrühren. Paprikapulver und Chiliflocken untermischen und mit Salz und Pfeffer würzen. Die Toastscheiben mit Butter bestreichen und auf eine Seite die Käsecreme streichen. Die Zwiebeln auf alle Scheiben verteilen und die Scheiben übereinanderlegen. Eine Grillpfanne erhitzen und die Sandwiches von beiden Seiten grillen. Den Salbei mit der restlichen Butter braten. Die Sandwiches halbieren und mit dem Salbei sowie den Chiliflocken servieren.

Omelette mit Spargel

Zutaten für 12 Stück:
2 Dillzweige
1 Bund grüner Spargel
2 EL Bratöl
2 Knoblauchzehen
Salz und Pfeffer
1 rote Paprika
60 g Crème fraîche
400 g festkochende Kartoffeln
7 Eier
1 Schalotte

Zubereitung:
Den Backofen auf 160 °C Umluft vorheizen. Die Enden vom Spargel entfernen und ihn dann in Scheiben schneiden. Den Knoblauch pressen. Die Paprika in Ringe schneiden. Die Kartoffeln kochen, pellen und in Scheiben schneiden. Die Schalotte würfeln. Die Eier mit der Crème Fraîche und dem Knoblauch verquirlen. Mit Salz und Pfeffer würzen. Eine Pfanne mit Öl erhitzen. Die Kartoffeln darin braten. Die Schalotten und den Spargel hinzugeben und für 3 Minuten garen. Mit Salz und Pfeffer würzen. Die Paprika unter die Eier mischen. Den Dill zupfen und darauf verteilen. Alles für 20–25 Minuten im Backofen garen.

Sesam-Käse-Cracker

Zutaten für 25 Stück:
1/2 Bund Schnittlauch
70 g Cheddar
Salz und Pfeffer
5 TL Sahne-Meerrettich
70 g Butter
250 g Schmand
100 g Dinkelmehl
3–4 Stangen Staudensellerie
1 EL schwarzer Sesam

Zubereitung:
Den Käse reiben und mit Mehl, Butter, Salz und Sesam zu einem Teig verarbeiten. Den Teig für 2 Stunden kaltstellen. Den Backofen auf 160 °C Umluft vorheizen. Den fertigen Teig ausrollen und Kreise ausstechen. Diese auf ein Backblech legen und für 12–14 Minuten backen. Danach auskühlen lassen. Den Sellerie in Streifen schneiden und in Eiswasser einlegen. Den Schmand mit dem Sahne-Meerrettich mischen. Das Ganze mit Salz und Pfeffer würzen. Den Schnittlauch in Röllchen schneiden. Die Sesamcracker mit der Creme bestreichen. Den Sellerie abtropfen lassen und auf die Creme setzen. Vor dem Servieren alles mit Schnittlauch bestreuen.

Ziegenkäse-Blätterteig-Taler

Zutaten für 6 Stück:
1 Becher Crème fraîche
2 EL Honig
3 Frühlingszwiebeln
6 Ziegenfrischkäse-Taler
1 Knoblauchzehe
1 Rolle Blätterteig
1 Ei
2 Zitronenthymianzweige
Salz und Pfeffer
6 Thymianzweige

Zubereitung:
Den Backofen auf 200 °C Umluft vorheizen. Die Frühlingszwiebeln in Ringe schneiden. Den Knoblauch pressen. Das Ei mit der Crème fraîche und dem Knoblauch mischen. Das Ganze mit Salz und Pfeffer würzen. Den Thymian zupfen und unter die Créme-fraîche-Masse heben. Ein Muffinblech kalt abspülen, abtrocknen und den Blätterteig ausrollen. Daraus 6 Kreise ausstechen, mit einer Gabel einstechen und in die Muffinform geben. Darauf die Frühlingszwiebeln und einen Käsetaler legen. Mit der Crème-fraîche-Mischung das Ganze bedecken. Die Taler für 15–20 Minuten backen. Nach dem Erkalten aus den Formen lösen. Den Honig aufwärmen und über die Taler geben. Mit dem Thymian alles garnieren.

Brot mit Karottenaufstrich

Zutaten für 6 Brote:
2 Dillzweige
30 g Mandeln
6 Scheiben Vollkorn-Roggenbrot
170 g Karotten
1–2 Minigurken
20 g Kokosöl
3 Eier
1/2 TL Currypulver
Salz
2 EL Zitronensaft

Zubereitung:
Die Mandeln hacken und in einer Pfanne ohne Fett rösten. Die Karotten schälen und raspeln. In einer Pfanne das Kokosöl erhitzen und das Currypulver rösten. Danach die Karotten hinzugeben und für 8–10 Minuten dünsten. Die Mandeln und die ausgekühlten Karotten mit dem Zitronensaft pürieren. Portionsweise das Wasser hinzugeben. Den Karottenaufstrich mit Salz würzen. Die Eier hartkochen, pellen und in Scheiben schneiden. Die Gurken hobeln. Die Brote mit dem Aufstrich bestreichen. Darauf die Eier und die Gurken legen. Mit dem gehackten Dill das Ganze bestreuen.

Baguette mit Eiercreme

Zutaten für 8 Brote:
1 Beet Gartenkresse
3 Eier
1 Avocado
7 Radieschen
5 EL Olivenöl
4 EL Mayonnaise
8 Scheiben Dinkelbaguette
2 EL Joghurt
Salz und Pfeffer
1 EL mittelscharfer Senf

Zubereitung:
Die Eier hartkochen und auskühlen lassen. Die Radieschen putzen. 4 Radieschen würfeln, die anderen Radieschen in Stifte schneiden. Die Eier pellen und hacken. Den Joghurt mit Senf, Mayonnaise und den gewürfelten Radieschen mischen. Das Ganze mit Salz und Pfeffer würzen. Die Baguettescheiben von beiden Seiten in einer Pfanne mit Öl rösten. Das Avocado-Fruchtfleisch in Spalten schneiden. Die Baguettes mit der Eiercreme bestreichen. Darauf die Avocados und Radieschen legen. Mit der Kresse alles bestreuen.

Paprikasalat mit Ricotta

Zutaten für 4 Portionen:
300–400 g Ricotta
1 gelbe Paprika
Salz und Pfeffer
1 grüne Paprika
50–60 ml Olivenöl
1 rote Paprika
1 Zitrone
60–80 g Pinienkerne
2 Stiele glatte Petersilie
3 Thymianzweige
2 Basilikumstängel
1 Rosmarinzweig
1 Salbeistiel

Zubereitung:
Die Paprika waschen und im Backofen grillen, sodass man die Haut entfernen kann. Die Paprika entkernen und vierteln. In einer Pfanne ohne Fett die Pinienkerne rösten. Die Kräuter zupfen und die Zitrone heiß waschen. Die Schale der Zitrone abreiben und die Zitrone filetieren. Alles mit Paprika sowie dem Olivenöl vermischen und für 30 Minuten ziehen lassen. Den Salat mit Salz und Pfeffer abschmecken und mit dem Ricotta zusammen servieren.

Omelette mit Spinat

Zutaten für 4 Personen:
Salz und Pfeffer
500 g TK-Spinat
3 EL Erdnussöl
3 Knoblauchzehen
2 EL Schmand
2 Zwiebeln
6 Eier
20 g Bergkäse

Zubereitung:
Den Spinat entwässern. Den Knoblauch und die Zwiebeln schälen und hacken. Den Käse reiben. Die Eier mit dem Schmand verquirlen. Den Backofen auf 190 °C vorheizen. In einer Pfanne Öl erhitzen. Den Knoblauch, die Zwiebel sowie den Spinat darin dünsten. Mit Salz und Pfeffer würzen. Die Eiermischung da-rübergeben und verrühren. Danach stocken lassen. Mit dem Käse bestreuen und im Backofen für 12 Minuten garen. Vor dem Servieren die Omeletts kurz ruhen lassen.

Soja-Kürbis

Zutaten für 4 Personen:
4 Minzstängel
1,2 kg Kürbis
Nelke
4 EL Sonnenblumenöl
Zimt
2 EL Sesamsaat
Muskat
3 Frühlingszwiebeln
Pfeffer
1 rote Chilischote
Saft einer Limette
8 EL helle Sojasauce
1 TL Sesamöl
8 EL Ahornsirup

Zubereitung:
Das Fruchtfleisch des Kürbis in Spalten schneiden und von beiden Seiten anbraten. In einer Pfanne ohne Fett den Sesam rösten. Die Chili und die Frühlingszwiebeln in Ringe schneiden. Die Sojasauce mit Limettensaft, Sesamöl und Ahornsirup mischen. Mit den Gewürzen abschmecken. Die Marinade über den Kürbis geben und zusammen mit der Chili, der Minze, den Frühlingszwiebeln und dem Sesam servieren.

Gebackener Butternutkürbis

Zutaten für 4 Personen:
Salz und Pfeffer
2 Butternutkürbisse
1–2 Prisen Cayennepfeffer
8 Knoblauchzehen
1/2 TL Paprikapulver
3 Rosmarinzweige
Saft und Abrieb einer halben Zitrone
4 Lorbeerblätter
4 EL Olivenöl
Meersalz
250 g Natur-Tofu
12 EL Olivenöl

Zubereitung:
Den Backofen auf 180 °C Ober- / Unterhitze vorheizen. Die Kürbisse längs halbieren und entkernen. Den Knoblauch zerdrücken und den Rosmarin zupfen. Die Kürbisse einritzen. Das Salz, den Knoblauch, den Pfeffer, die Lorbeerblätter sowie den Rosmarin auf die Schnittfläche verteilen. Das Ganze mit 6 EL Olivenöl beträufeln. Die Kürbisse auf ein Backblech legen und für 40–50 Minuten backen. In der Zeit den Tofu würfeln und mit dem restlichen Olivenöl sowie dem Zitronensaft und dem Zitronenabrieb, Cayennepfeffer, Salz, Paprikapulver und 200 ml Wasser pürieren. Den Dip abschmecken und mit dem gebackenen Kürbis servieren.

Süß-saure Möhren

Zutaten für 4 Portionen:
Zitronenspalten
400 g Bundmöhren
60 g getrocknete Feigen
300 ml Gemüsebrühe
30 g getrocknete Aprikosen
2 TL Koriandersamen
Salz und Pfeffer
2 TL Fenchelsamen
4 EL Olivenöl
2 EL Zitronensaft
1 EL Sesamsaat
2 EL Agavendicksaft
1/2 TL gemahlener Zimt

Zubereitung:
Die Möhren schälen. In einem Topf die Gemüsebrühe aufkochen. Darin die Möhren dünsten und auf eine Platte legen. Den Koriander, den Sesam und den Fenchel in einer Pfanne ohne Fett rösten. Die Mischung mörsern. Den Agavendicksaft, den Zimt, das Öl, den Zitronensaft sowie Salz und Pfeffer verquirlen. Die Mischung über die Möhren geben und für eine Stunde ziehen lassen. Die Feigen und die Aprikosen würfeln und unter die Möhren heben. Alles abschmecken und zusammen servieren.

Gemüse-Käse-Kuchen

Zutaten für 6–8 Portionen:
1 EL Sesam
300 g Zucchini
1 EL Schwarzkümmel
2 Lauchzwiebeln
Fett
1/2 Bund Dill
Salz und Pfeffer
3 Eier
150 g Feta
200 g Naturjoghurt
100 ml Rapsöl
150 g Dinkel-Vollkornmehl

Zubereitung:
Die Zucchini raspeln. Die Lauchzwiebeln schneiden. Den Dill hacken. Die Eier mit dem Öl, dem Joghurt und dem Mehl vermischen. Den Feta hineinkrümeln. Die Zucchini, die Lauchzwiebeln sowie den Dill unterheben und mit Salz und Pfeffer würzen. Eine Springform einfetten. Den Teig hineinfüllen und mit dem Schwarzkümmel sowie dem Sesam bestreuen. Alles für 30 Minuten bei 200 °C backen.

Avocado-Schafskäse-Dip

Zutaten für 4 Portionen:
1 TL Cayennepfeffer
100 g Tomaten
1 EL Meersalz
2 Stangen Frühlingslauch
300 g Weizentortillas
10 Stiele Koriandergrün
500 ml Frittieröl
2 Avocados
Salz und Pfeffer
3 EL Olivenöl
150 g Fetakäse
2 EL Limettensaft

Zubereitung:
Frühlingslauch und Tomaten würfeln. Die Korianderblätter hacken. Das Avocado-Fruchtfleisch hinzugeben und mit Limettensaft sowie Olivenöl vermischen. Den Feta zerbröseln und unter die Avocado-Masse heben. Das Ganze mit Salz und Pfeffer abschmecken. In einem Topf Frittieröl erhitzen. Die Tortillas in Dreiecke schneiden und in dem Öl ausbacken. Cayennepfeffer mit Salz mischen drüberstreuen und servieren.

Marinierte Rohkost mit Käse

Zutaten für 4 Personen:
Für die Marinade:
4 EL Traubenkernöl
1 Bund Estragon
4 EL Haselnussöl
1/2 Bund Kerbel
Salz und Pfeffer
3–4 EL Marillenessig
2 EL Ahornsirup
Für die Rohkost:
6 EL körniger Hüttenkäse
2 Karotten
1 EL Haselnussöl
2 Kohlrabis
4 EL Haselnüsse
4 Stangen Staudensellerie
1 Bund Radieschen

Zubereitung:
Den Estragon mit den Kerbelblättchen hacken. Alle Zutaten für die Marinade verrühren. Kohlrabi, Karotten und Staudensellerie schälen. Die Radieschen waschen und in Scheiben schneiden. Die Haselnüsse hacken. Das Haselnussöl in einer Pfanne erhitze. Die Haselnüsse rösten. Das Gemüse für 10 Minuten in der Marinade einlegen. Zusammen mit den Haselnüssen, dem Estragon und dem Hüttenkäse servieren.

Belegtes Brot mit Hüttenkäse

Zutaten für 4 Stück:
4 Scheiben Bauernbrot
3 Eier
Salz und Pfeffer
8 Radieschen
2 EL Olivenöl
3 Stangen Frühlingslauch
200 g Hüttenkäse

Zubereitung:
Die Eier hartkochen und auskühlen lassen. Die Radieschen putzen und in Würfel schneiden. Den Lauch putzen. Den dunkleren Teil in Ringe schneiden und in kaltes Wasser legen. Den restlichen Lauch ebenfalls in Ringe schneiden. Diese mit den Radieschen und dem Hüttenkäse sowie dem Olivenöl mischen. Die Eier pellen und hacken. Die Eier mit dem Hüttenkäse mischen und mit Salz und Pfeffer würzen. Die Brote toasten und mit dem Aufstrich bestreichen. Darauf die grünen Lauchringe legen.

Gemüse-Obst-Päckchen

Zutaten für 20 Stück:
Paprikapulver edelsüß
2 Zucchini
20 Walnüsse
Salz
10 Backpflaumen
1 EL Öl
250 g Ziegenweichkäse

Zubereitung:
Die Zucchini in Scheiben schneiden und von beiden Seiten salzen. Eine Grillpfanne erhitzen und mit Öl bepinseln. Die Zucchini von beiden Seiten grillen und auskühlen lassen. Den Ziegenkäse in Stücke teilen. Die Backpflaumen halbieren. Je eine Walnuss mit einem Käsestück und einem Pflaumenstück zusammendrücken. Darum einen Zucchinistreifen wickeln und evtl. mit einem Zahnstocher fixieren. Die einzelnen Päckchen mit Paprikapulver bestreuen.

Brot-Auflauf mit Trauben und Käse überbacken

Zutaten für 4 Personen:
Muskatnuss
1 EL weiche Butter
Salz und Pfeffer
12 Scheiben Baguettebrot
3 Eier
160 ml trockener Weißwein
100 ml Milch
200 g würziger Bergkäse
200 ml Sahne
20 kernlose Weintrauben

Zubereitung:
Eine Auflaufform einfetten. Die Baguettes mit dem Wein beträufeln und in die Auflaufform geben. 2/3 des Käses in Scheiben schneiden und zwischen die Baguettes legen. Den restlichen Käse reiben. Die Trauben waschen, halbieren und über die Baguettes geben. Die Sahne mit den Eiern und der Milch verquirlen. Das Ganze mit Salz, Pfeffer und Muskat würzen. Über die Baguettes den geriebenen Käse geben. Darüber die Sahne-Ei-Mischung gießen und für 25 Minuten bei 180 °C backen.

Desserts

Pudding mit Kokos

Zutaten für 4 Portionen:
Für den Pudding:
1 Pk. Vanillezucker
80 g Chiasamen
100 ml Kokosmilch
330 ml Kokoswasser
Für das Topping:
Saft sowie Abrieb einer halben Zitrone
100 g brauner Zucker
200 g grob geraspelte Kokosnuss
1 Prise Salz
1 Glas Apfel-Mango-Mark

Zubereitung:
Die Chiasamen mit dem Kokoswasser, der Kokosmilch und dem Vanillezucker mischen. Alles für 2 Stunden quellen lassen. Den Zucker mit 150 ml Wasser und dem Salz aufkochen. Die Kokosraspeln hinzugeben und für 15 Minuten unter gelegentlichem Rühren einkochen. Alles mit dem Zitronensaft sowie der Zitronenschale abschmecken. Das Ganze abkühlen lassen. Den Pudding nochmals durchrühren und in Gläser füllen. Zusammen mit der Kokoskonfitüre und dem Obst-Mark servieren.

Milchreis mit Kirschen und Sahne

Zutaten für 4 Portionen:
Für den Milchreis:
Abrieb von einer Zitrone
1 Vanilleschote
50 g Rohrzucker
250 g Milchreis
900 ml Milch
Für die Kirschen:
6 g Speisestärke
400 g Sauerkirchen aus dem Glas
1 Nelke
330 g Abtropfwasser
1 Sternanis
20 g Rohrzucker
2 EL geschlagene Sahne
2 EL Rohrzucker
1 TL Zimt

Zubereitung:
Die Vanilleschote auskratzen. Den Milchreis mit dem Zucker, der Milch, dem Vanillemark sowie dem Zitronenabrieb für 25 Minuten weichkochen. Die Kirschen abtropfen lassen und Wasser auffangen. Den Zucker karamellisieren. Dazu den Kirschsaft, den Sternanis sowie die Nelken geben und für 15 Minuten einkochen. Danach die Gewürze entfernen. Die Speisestärke anrühren und zum kochenden Kirschsaft geben. Die Kirschen mit dem Sud marinieren. Den Zucker mit dem Zimt vermischen. Die Sahne aufschlagen und vor dem Servieren unter den Milchreis heben. Alles mit der Zimt-Zucker-Mischung bestreuen und die Kirschen dazu anrichten.

Haferflocken-Crunch mit Äpfeln

Zutaten für 2 Portionen:
2 Äpfel
Pflanzenmargarine
Für den Haferflocken-Crunch:
25 g kernige Haferflocken
1 EL Pflanzenmargarine
40 g gehobelte Mandeln
2 EL Rohrzucker
Für die Vanillesauce:
1 TL Instant Chai-Latte-Pulver
250 ml Cashewmilch
Mark einer halben Vanilleschote
30 g Rohrzucker
2 TL Speisestärke

Zubereitung:
Den Backofen auf 180 °C Ober- / Unterhitze vorheizen. Eine Auflaufform einfetten. Die Äpfel waschen, entkernen und mit der Schnittfläche nach unten auf ein Brett legen. Dabei die Äpfel mit 3 mm Abstand einschneiden. Danach in die Auflaufform legen und für 15–20 Minuten backen. Die Margarine und den Rohrzucker in einer Pfanne erhitzen. Die Mandeln und die Haferflocken hinzugeben und für 2–3 Minuten rösten. 5 EL Cashewmilch mit der Speisestärke verrühren. Die restliche Milch mit dem Chaipulver, dem Rohrzucker und dem Vanillemark aufkochen lassen. Dabei die Speisestärke einrühren und alles köcheln lassen. Die Äpfel auf einem Teller anrichten. Darüber die Sauce sowie dien Haferflocken-Crunch geben.

Crème Brûlée mit Lebkuchengeschmack

Zutaten für 4 Portionen:
2 Feigen
1,5 TL Lebkuchengewürz
75 g blaue Weintrauben
400 g Sahne
4 Eigelbe
30 g Rohrzucker
1 Streifen Orangenschale

Zubereitung:
Den Backofen auf 110 °C Umluft vorheizen. Die Sahne mit 30 g Zucker und der Orangenschale aufkochen. Danach für 10 Minuten ziehen lassen. Das Lebkuchengewürz mit dem Eigelb verquirlen und die Sahne untermischen. Danach die Orangenschale herausnehmen. 4 Crème-Brûlée-Schalen in einem Wasserbad in den Backofen stellen. Dort die Sahnemischung hineingeben und für 50 Minuten im Backofen stocken lassen. Das Ganze abkühlen lassen und für mindestens 3 Stunden im Kühlschrank kühlen. Die Creme mit Zucker bestreuen und karamellisieren. Zusammen mit den Weintrauben und den Feigen servieren.

Kokos-Chiapudding mit Obstsalat

Zutaten für 4 Portionen:
20 g Rohrzucker
60 g Chiasamen
400 ml Kokosmilch
Für den Obstsalat:
50 g gehobelte Kokosnuss
1/2 Mango
10 Minzblätter
2 Scheiben Ananas
1 EL Reissirup
1 Kiwi
2 EL Zitronensaft
1 Banane
125 g Blaubeeren

Zubereitung:
Die Chiasamen mit der lauwarmen Kokosmilch und dem Rohrzucker vermischen. Das Ganze für 2 Stunden unter gelegentlichem Rühren quellen lassen. Die Mango schälen und entkernen. Die Ananas, die Banane und die Kiwi würfeln. Die Blaubeeren waschen und mit dem restlichen Obst sowie dem Zitronensaft und dem Reissirup mischen. Die Minze in Streifen schneiden und unterheben. Den Pudding in Gläser füllen. Darauf das Obst verteilen und mit der Kokosnuss garnieren.

Erdbeeren mit Joghurt

Zutaten für 8 Portionen:
750 g Erdbeeren
2 Limetten
2 EL Melissenblättchen
400 g Sahne
75 g heller Rohrzucker
500 g Joghurt
2 EL heller Rohrzucker

Zubereitung:
Die Limette schälen und die Schale in Folie wickeln. Die Limette auspressen. Die Sahne steifschlagen. Den Joghurt mit 2 EL Limettensaft sowie 75 g Zucker vermischen. Die Joghurtmischung unter die Sahne heben. Die Masse durch ein Küchentuch sieben und im Kühlschrank über Nacht abtropfen lassen. Die Limettenschale mit den Melissenblättchen sowie 1 EL Zucker mixen. 1 Handvoll Erdbeeren halbieren. Die restlichen Erdbeeren mit 1 EL Limettensaft und 1 EL Zucker pürieren. Aus der Joghurtmasse Nocken abstecken und auf einem Teller verteilen. Die Erdbeeren mit dem Limettenzucker und der Erdbeersauce servieren.

Süßer Kaiserschmarrn

Zutaten für 4 Portionen:
Für das Kompott:
1 TL Speisestärke/250 ml Rotwein
etwas Rohrzucker/200 g getrocknete Cranberrys
1 Sternanis/3 Birnen
1 Zimtstange/2 EL Zitronensaft
Für den Schmarrn:
Puderzucker
6 Eier
60 g Mandelblättchen
Salz
4 EL Öl
300 ml Milch
200 g Dinkelmehl
50 g Zucker
2 Pk. Vanillezucker

Zubereitung:
Den Wein erwärmen und die Cranberrys für 1 Stunde darin quellen lassen. Die Birnen schälen und würfeln. Die Birnen mit dem Zitronensaft beträufeln. Die Wein-Cranberry-Mischung aufkochen lassen. Die Gewürze sowie die Birnen hinzugeben und für 10 Minuten unter Rühren einkochen lassen. Eventuell süßen. Die Masse mit einem Stampfer zerdrücken und abkühlen lassen. Die Eier trennen. Das Eiweiß mit Salz steifschlagen. Die Milch mit dem Eigelb, dem Zucker und dem Vanillezucker verquirlen. Danach das Mehl unterrühren. Zum Schluss den Eischnee unterheben. In einer Pfanne 1 EL Öl erhitzen. 1/4 des Teiges hineingeben. Darüber 1/4 der Mandelblättchen streuen und bei geschlossenem Deckel für 2 Minuten backen. Danach von der anderen Seite garen. Zum Schluss den Schmarrn zupfen und in eine Auflaufform geben. Mit dem restlichen Teig nach demselben Prinzip verfahren. Den fertigen Schmarrn mit Puderzucker bestreuen und zusammen mit den Cranberrys servieren.

Eis mit Grütze

Zutaten für 6 Portionen:
2 EL Sesam
250 g Cashewkerne
4 EL Zucker
4 Bananen
1–2 TL Speisestärke
1 Vanilleschote
250 ml weißer Traubensaft
1 Limette
2 TL brauner Zucker
1 EL Kokosöl
200 g Birnen
120 ml Reissirup
400 g Äpfel
4 Kiwis

Zubereitung:
Die Cashewnüsse in Wasser über Nacht einweichen. Die Bananen in Stücke schneiden und für 15 Minuten gefrieren. Aus der Vanilleschote das Mark herauskratzen. Die Cashewnüsse abtropfen lassen. Den Limettensaft auspressen. Alles mit dem Sirup, 80 ml Wasser und Kokosöl pürieren. Nach und nach die Bananen hinzugeben und pürieren. Die Masse in eine Auflaufform geben und für 4 Stunden gefrieren. Die Kiwis schälen. Birnen und Äpfel in Würfel schneiden. Den braunen Zucker karamellisieren lassen. Mit dem Traubensaft ablöschen und für 5 Minuten köcheln lassen. Die Speisestärke mit dem Wasser verrühren und unter den Traubensirup mischen. Dazu das Obst geben und auskühlen lassen. In einer Pfanne den Zucker schmelzen. Dazu den Sesam geben und karamellisieren. Das Ganze auf ein Backpapier geben und mit einem weiteren abdecken. Alles plattdrücken und auskühlen lassen. Die Masse in Streifen schneiden. Das Eis aus dem Gefrierschrank nehmen. Die Grütze anrichten. Darauf das Eis geben und mit dem Sesam servieren.

Grütze mit Stachelbeeren

Zutaten für 8 Portionen:
4–5 Minzstiele
1 kg grüne Stachelbeeren
150 ml Wasser
1 Limette
1 Pk. Vanille-Puddingpulver
200 g Rohrzucker
350 ml Apfelsaft

Zubereitung:
Die Stachelbeeren putzen. Die Limette waschen und die Schale abreiben. Den Saft auspressen. Den Limettensaft mit dem Zucker und dem Apfelsaft zu den Stachelbeeren geben. Alles unter gelegentlichem Rühren aufkochen. Den Pudding mit 150 ml Wasser glattrühren und unter die Stachelbeeren heben. Alles unter Rühren aufkochen lassen. Die Grütze abkühlen lassen. Die Minze in Streifen schneiden und mit der Limettenschale unter die Grütze rühren. Die Grütze in Schälchen füllen und erkalten lassen.

Stracciatella mit Erdbeeren

Zutaten für 6 Portionen:
500 g Erdbeeren/120 g weiße Schokolade
4–5 EL Kokosblütennektar/1 kg Magerquark/300 ml Milch

Zubereitung:
Von der Schokolade 6 EL Späne raspeln. Die restliche Schokolade hacken. Den Quark mit der gehackten Schokolade sowie der Milch verrühren. Das Ganze mit dem Nektar süßen. Die Erdbeeren waschen und vierteln. Den Quark abwechselnd mit den Erdbeeren in ein Glas geben. Zum Schluss die Schokoraspeln darübergeben.

Panna Cotta in Schokosauce

Zutaten für 4 Portionen:
1 Minzzweig/1 Vanillestange/Kirschen für die Dekoration
2–3 EL Zucker/150 g Heidelbeeren
100 ml Milch/60–80 ml Kirschsaft
400 ml Sahne/150 g Zartbitter-Schokolade
3–4 g Agar-Agar

Zubereitung:
Das Mark aus der Vanillestange herauskratzen und mit der Sahne, dem Zucker und der Milch aufkochen. Nach und nach das Agar-Agar unterrühren. Alles für 3 Minuten köcheln lassen. Panna-Cotta-Formen mit Wasser ausspülen und die Masse darin verteilen. Die Masse für 4 Stunden kaltstellen. Die Schokolade hacken und in einem warmen Wasserbad schmelzen. Die Hälfte der Heidelbeeren mit dem Kirschsaft zur Schokolade geben. Alles verrühren. Die Panna Cotta aus dem Kühlschrank nehmen und die Masse vorsichtig herauslösen. Dann mit den Heidelbeeren, den Kirschen, der Minze und der Schokosauce garnieren.

Gebackene Banane

Zutaten für 4 Portionen:
2 Bananen
1 Ei
50 g Puderzucker
200 g Mehl
1 TL Sesamsaat
1 Prise Backpulver
250 ml neutrales Öl
70 ml Mineralwasser
1 Prise Salz
200 g Zartbitterschokolade

Zubereitung:
Das Ei trennen. Das Eigelb mit 100 g Mehl, dem Mineralwasser und dem Backpulver zu einem Teig verrühren. Den Teig für 10 Minuten quellen lassen. Die gehackte Schokolade in einem Wasserbad schmelzen. In einer Pfanne ohne Fett den Sesam rösten. Das Eiweiß mit Salz steifschlagen und unter den Teig heben. Die Bananen schälen und längs in Spalten schneiden. Die Bananen in Mehl wenden. In einem Topf Öl erhitzen. Die Bananen durch den Teig ziehen und in dem Fett ausbacken. Die Bananen mit Puderzucker bestäuben. Die Schokolade in ein Schälchen füllen und mit dem Sesam bestreuen. Die Schokolade mit den Bananen servieren.

Backpflaumen mit Vanille

Zutaten für 4 Personen:
Für die Pflaumen:
2 EL Ahornsirup
6 Pflaumen
1 Vanilleschote
Für die Cashewcreme:
1 Prise Salz
120 g Cashewnüsse
1 Spritzer Zitronensaft
4–5 EL Wasser
2–3 EL Ahornsirup

Zubereitung:
Die Cashewnüsse für 4–6 Stunden in Wasser einweichen. Den Backofen auf 180 °C Ober- / Unterhitze vorheizen. Die Pflaumen waschen, entsteinen und halbieren. Aus der Vanilleschote das Mark herauslösen und mit dem Ahornsirup vermischen. Die Masse mit den Pflaumen mischen und in einer Pfanne für 20–30 Minuten rösten. Die Cashewnüsse abspülen und mit den restlichen Zutaten für die Creme pürieren. Die Creme abschmecken und zusammen mit den Pflaumen servieren.

Gebratene Marzipan-Birnen

Zutaten für 4 Personen:
Puderzucker
4 Birnen
1 Pk. Soja-Vanillesauce
40 g Marzipan
1 EL gehackte Walnüsse
2 Datteln
20 g Margarine
20 g Cranberrys

Zubereitung:
Die Birnen waschen und das Kerngehäuse herauslösen. Das Marzipan mit den Cranberrys, den Walnüssen, den geschnittenen Datteln sowie der Margarine mischen. Die Marzipanmasse in die Birnen füllen und den Deckel wieder draufsetzen. Den Backofen auf 180 °C für 20 Minuten vorheizen. Die Birnen auf ein Backblech geben und für 15–20 Minuten backen. Das fertige Obst mit Puderzucker bestreuen und mit der Vanillesauce servieren.

Avocado-Mousse mit Vanillesauce und Heidelbeeren

Zutaten für 4–6 Personen:
Für die Mousse:
Honig
1 Avocado
1 Prise Salz
300 ml Kokosmilch
1 TL Vanille
120 ml Kokosöl
250 ml Heidelbeeren
Für die Vanillesauce:
2 EL Honig
1/2 Tasse Cashewnüsse
1 TL Vanillepulver
1 Tasse Wasser
Für die Dekoration:
Kokosraspeln
Zitronenmelisse
Frische Beeren

Zubereitung:
Für die Mousse alle Zutaten miteinander vermischen und für 20 Minuten ziehen lassen. Für die Sauce die Zutaten pürieren und mit der Mousse servieren. Das Ganze mit den Kokosraspeln, der Zitronenmelisse und den Beeren garnieren.

Milchreis mit Pflaumensauce

Zutaten für 8 Portionen:
Für den Reis:
1 Orange
1 L Vollmilch
120 g Milchreis
80 g Zucker
1 Prise Salz
1 Vanillestange
Für die Sauce:
1 Prise Zimt
400 g entsteinte Pflaumen
100 ml Orangensaft
80 g Zucker
2 EL Speisestärke

Zubereitung:
Die Vanillestange halbieren. Die Milch mit Zucker, Salz und der Vanillestange aufkochen. Den Milchreis hinzugeben und unter Rühren aufkochen lassen. Die Orange abwaschen und halbieren, zum Milchreis geben und alles für 40–45 Minuten bei geschlossenem Deckel quellen lassen. Die Pflaumen vierteln und mit dem Zucker mischen. Die Stärke mit etwas Orangensaft verrühren. Den restlichen Orangensaft aufkochen lassen und die Stärke hineingeben. Danach die Pflaumen hinzufügen und aufkochen lassen. Mit dem Zimt die Sauce abschmecken. Vor dem Servieren die Vanillestange und die Orange aus dem Milchreis nehmen.

Süßer Wrap mit süßem Quark

Zutaten für 8 Portionen:
Für die Wraps:
150 ml lauwarmes Wasser
250 g Dinkelvollkornmehl
8 EL Olivenöl
1 TL Backpulver
1 TL Salz
Für die Füllung:
100 g Schokotropfen
80 g Walnüsse
3 Bananen
600 g Quark
1 Prise Salz
100 ml Ahornsirup
100 g Zucker

Zubereitung:
Das Mehl mit dem Salz sowie dem Backpulver mischen. 4 EL Öl hinzugeben und mit etwas Mehl verrühren. Dazu Wasser geben und zu einem Teig verarbeiten. Den Teig in 8 Stücke teilen und für 15 Minuten an einem warmen Ort ruhen lassen. In einer Pfanne die Walnüsse rösten und kleinschneiden. Den Quark mit dem Zucker, dem Salz und dem Ahornsirup mischen. Die Bananen würfeln und mit den Schokotropfen und den Walnüssen unter den Quark heben. Alles abschmecken. Den Teig ausrollen und mit 1/2 EL Olivenöl in einer Pfanne anbraten. Die Wraps mit Quark belegen, aufrollen und auf einem Teller anrichten.

Milchreis mit Rhabarberkompott

Zutaten für 4 Portionen:
Für den Milchreis:
1/2 EL abgeriebene Zitronenschale
6 getrocknete Feigen
1 Vanilleschote/20 g Rohrzucker
185 g Milchreis/1 Prise Salz
750 ml Milch
1 Msp. Safran
1 Kardamomkapsel
Für den Kompott:
1–2 TL Zitronensaft
500 g Rhabarber
1 Zimtstange/40 g Rohrzucker
Einige Minzblätter
Etwas Zimt
20 g geröstete Pistazien

Zubereitung:
Die Feigen in Scheiben schneiden und in Wasser einweichen. Das Mark aus der Vanilleschote herausholen. Den Milchreis kalt abspülen. Die Milch mit dem Vanillemark, dem Kardamom sowie einer Prise Safran und Salz aufkochen. Den Milchreis hinzugeben und bei geschlossenem Deckel für 20–25 Minuten garen. Dabei gelegentlich umrühren. Den Rhabarber waschen und klein schneiden. 250 ml Wasser mit dem Zimt und dem Zucker aufkochen. Den Rhabarber hinzugeben und für 4–6 Minuten kochen. Danach den Rhabarber herausnehmen und den Zimt entfernen. Den Sud einkochen und mit dem Zitronensaft abschmecken. Das Ganze einkochen lassen und über den Rhabarber geben. Alles abkühlen lassen. Den Kardamom und die Vanilleschote aus dem Milchreis nehmen. Die Feigen mit der Zitronenschale und dem Zucker unter den Milchreis mischen. Den fertigen Milchreis mit dem Kompott anrichten. Zusammen mit den Minzblättern, dem Zimt und den Pistazien servieren.

Reispudding mit Obst

Zutaten für 4 Portionen:
6–8 EL Mandelmus
100 g Vollkorn-Rundkornreis
150 g Akazienhonig
1 Prise Salz
100 ml Wasser
Mark einer halben Vanillestange
400 g Brombeeren
250 ml Milch
50 g Vollkornreismehl
75 g Honig
2 EL Vollkornreismehl

Zubereitung:
500 ml Salzwasser mit dem Reis aufkochen und bei geschlossenem Deckel für 40 Minuten köcheln lassen. Die Milch mit Vanille, Honig und 50 g Reismehl vermischen. Das Ganze unter den Reis rühren und aufkochen lassen. 300 g Brombeeren mit Wasser aufkochen und für kurze Zeit köcheln lassen. Abkühlen lassen und 2 EL Reismehl einrühren. Nochmals aufkochen und kurz köcheln lassen. Danach den Honig unterheben. Den Reispudding mit dem Kompott und den restlichen Beeren sowie dem Mandelmus servieren.

Plätzchen aus Quark mit Obstsalat

Zutaten für 4 Personen:
300 g Erdbeeren
250 g trockener Magerquark
Bratöl
1 Ei
1–2 EL heller Honig
50 g gemahlene Mandeln
50 ml Apfelsaft
2 EL Vollrohrzucker
1 Nelke
1 Msp. Geriebene Zitronenschale
1 Zimtstange
4–6 EL Weizenvollkorngrieß
2 Zitronenscheiben
200 g Rhabarber

Zubereitung:
Das Ei trennen. Den Quark mit dem Eigelb, dem Grieß, den Mandeln, der Zitronenschale sowie dem Zucker mischen. Alles für 1–2 Stunden quellen lassen. Den Rhabarber in Stücke schneiden. Die Zitronenscheiben, Nelken, den Zimt und den Saft mit dem Rhabarber aufkochen und für 5 Minuten köcheln lassen. Danach die Gewürze und die Zitrone herausnehmen. Alles abkühlen lassen und mit dem Honig süßen. Das Eiweiß steifschlagen und unter den Quark heben. In einer Pfanne Öl erhitzen. Jeweils einen gehäuften Esslöffel Quarkmasse von beiden Seiten ausbacken. Die Erdbeeren vierteln und mit dem Rhabarber mischen. Die warmen Plätzchen mit dem Obst servieren.

Panna Cotta mit Kokos und Ananas

Zutaten für 4 Portionen:
2 Minzzweige
1 Vanilleschote
1 Babyananas
400 ml Kokosmilch
Abgeriebene Schale einer Limette
100 ml Hafersahne
5 EL Limettensaft
30 g Rohrzucker
1 gestrichener TL Agar-Agar

Zubereitung:
Das Mark aus der Vanilleschote herauskratzen. Die Hälfte des Marks mit der Vanilleschote, der Kokosmilch, dem Zucker, dem Agar-Agar sowie der Sahne und 3 EL Limettensaft verrühren. Alles aufkochen lassen und für 15 Minuten köcheln lassen. Danach den Limettenabrieb unterrühren. Die Masse in ausgespülte Förmchen füllen und kaltstellen. Die Ananas schälen, vierteln und in Scheiben schneiden. Den restlichen Limettensaft mit dem Vanillemark mischen. Darunter die Minzblätter mischen. Die Panna Cotta auf einem Teller anrichten und mit der Ananas garnieren.

Geschichtete Beerencreme

Zutaten für 4 Portionen:
200 g gemischte Beeren
300 g Magerquark
80 g gehackte Pistazienkerne
300 g Mascarpone
6 EL Orangensaft
6-8 EL Rosenblütensirup
60 g Löffelbiskuit
2 TL abgeriebene Orangenschale

Zubereitung:
Den Quark mit der Mascarpone, der Orangenschale und dem Sirup verrühren. Den Löffelbiskuit mit dem Orangensaft beträufeln. Die Creme mit dem Biskuit, den Beeren und den Pistazien abwechselnd in Gläser füllen.

Apfelquark

Zutaten für 1 Person:
5 Vollkornkekse/1 roter Apfel
100 g Schlagsahne/1 TL Zitronensaft
1 Msp. Zimt
150 g Magerquark
1 Msp. Vanillepulver
4 EL Ahornsirup

Zubereitung:
Den Apfel raspeln und mit dem Zitronensaft beträufeln. Den Quark mit dem Ahornsirup verrühren und mit Zimt sowie Vanillepulver abschmecken. Die Sahne steifschlagen und unterheben. Abwechselnd den Apfel mit dem Quark und den Keksen in ein Gefäß schichten.

Vanille-Joghurt-Eis

Zutaten für 6 Personen:
1 Bund Minze
130 g Milchreis
400 g TK-Beeren
1 Vanilleschote
200 g Sahnejoghurt
700 ml Milch
60 g Zucker

Zubereitung:
Die Vanilleschote aufschneiden. Die Milch mit dem Reis, der Vanilleschote und dem Zucker aufkochen. Alles für 30 Minuten köcheln lassen. Nach dem Abkühlen die Vanilleschote herausnehmen. Den Reis mit dem Joghurt mischen und in Schälchen füllen. Die Beeren erhitzen und die Minze hacken. Beides mischen und mit dem Reis servieren.

Geschichtete Orangen

Zutaten für 4 Personen:
8–12 Butterkekse
5 Orangen
1 Pk. Sahnesteif
2 Pk. Vanillezucker
200 ml süße Sahne
1 EL Rohrzucker
2 EL Agavendicksaft
2 EL Amaretto
400 ml Schmand

Zubereitung:
Eine Orange auspressen. Bei den restlichen Orangen die Schale abschneiden. Das Fruchtfleisch in Stücke schneiden. Den Vanillezucker mit dem Orangensaft, dem Zucker und dem Amaretto mischen. Darin für 30 Minuten die Orangenstücke marinieren. Den Schmand mit dem restlichen Vanillezucker und dem Agavendicksaft mischen. Die Sahne mit dem Sahnesteif schlagen und unter den Schmand heben. Abwechselnd einen Esslöffel Schmand mit zerbröckelten Butterkeksen und den Orangenstücken in eine Schale geben.

Mascarpone mit Walnuss und Mango

Zutaten für 4 Personen:
2 Mangos
2 Eigelbe
200 g Sahne
40 g Zucker
300 g Mascarpone
2 EL Vanillezucker
100 g Walnusskerne
80 g Orangensaft
2 Blatt weiße Gelatine
1 EL abgeriebene Schale einer Orange

Zubereitung:
Das Eigelb mit der Hälfte des Orangensaftes, sowie der Orangenschale, dem Zucker und dem Vanillezucker in einem Wasserbad aufschlagen. In kaltem Wasser die Gelatine einweichen, ausdrücken und in dem Orangensaft auflösen. Mit der Gelatine etwas Schaummasse verrühren. Danach die Gelatine unter die gesamte Schaummasse rühren. Alles abkühlen lassen. Die Walnüsse hacken. Die Sahne steifschlagen und mit den Walnüssen und der Mascarpone unter die Schaummasse ziehen. Die Creme für zwei Stunden im Kühlschrank verschlossen härten lassen. Das Mangofruchtfleisch in Spalten schneiden. Aus der Schaummasse Nocken abstecken und mit den Mangospalten anrichten.

Pfannkuchen mit Haselnüssen und Birnen

Zutaten für 4 Personen:
2 TL Zitronensaft
200 g Butter
4 süße Birnen
8 Eier
1 Prise Salz
100 g Mehl
10 EL Puderzucker
1/2 L Milch
8 EL gemahlene Haselnüsse
4 EL saure Sahne

Zubereitung:
140 g der Butter schmelzen und abkühlen lassen. Die Eier trennen. Die Eigelbe mit der Butter, der Milch, dem Mehl, den Nüssen, der Sahne sowie 4 EL Puderzucker mischen. Den Teig 30 Minuten quellen lassen. Den Backofen auf 250 °C vorheizen. Das Eiweiß mit Salz steifschlagen und unter den Teig heben. In eine Pfanne 1/4 der Butter zerlassen. Darin 1/4 des Teiges stocken lassen. Die Birnen in Spalten schneiden und mit dem Zitronensaft mischen. 1/4 der Birnenmischung auf den Pfannkuchen verteilen. Darauf Puderzucker verteilen und die Pfannkuchen für 5–8 Minuten überbacken.

Mango-Smoothie

Zutaten für 4 Portionen:
2 Mangos
8 Maracujas
2 Orangen

Zubereitung:
Mango schälen, vom Stein das Fruchtfleisch lösen und in Stücke schneiden. Die Orangen halbieren und den Saft auspressen. Die Maracujas halbieren und das Fruchtfleisch aus der Schale löffeln. Orangensaft, Mango und 6 der Maracujas pürieren.

Kiwi-Blaubeer-Smoothie

Zutaten für 2 Portionen:
60 g Blattspinat
4 Kiwis
200 ml Milch
2 Bananen
200 g Blaubeeren

Zubereitung:
Den Spinat waschen. Die Kiwis schälen, 2 der Kiwis in Scheiben schneiden, die anderen grob würfeln. Die Bananen schälen und die Blaubeeren waschen. Den Spinat, die gewürfelten Kiwis, die Banane und 200 ml Wasser pürieren. Die Blaubeeren mit der Milch mixen. Nun die Kiwischeiben am Rand der Gläser verteilen. Den grünen Smoothie einfüllen und anschließend den blauen darübergießen.

Schoko-Minz-Smoothie

Zutaten für 4 Portionen:
1 Avocado
4 Stiele Minze
4 große, reife Bananen
12 Eiswürfel
4 TL Kakaonibs

Zubereitung:
Avocadofruchtfleisch, Minzblätter, Bananen und Eiswürfel mit 100 ml Wasser pürieren. Den Smoothie in Gläser füllen und mit Kakaonibs bestreuen.

Bananen-Smoothie

Zutaten für 2 Portionen:
100 ml Kokosnussmilch
100 ml Wasser
2 Bananen
2 Mandarinen
1,5 TL Zimt

Zubereitung:
Alle Zutaten in einen Mixer geben und für ca. 35–45 Sekunden mixen.

Der rote Smoothie

Zutaten für 2 Portionen:
200 g Erdbeeren
1 Banane
150 g Himbeeren
100 g Heidelbeeren

Zubereitung:
Die Beeren waschen. Die Banane schälen und würfeln. Alle Zutaten im Mixer oder mit einem Pürierstab fein mixen.

Apfel-Dessert

Zutaten für 4 Personen:
Zimt/2 reife Quitten
gemahlene Vanille/250 ml Wasser
200 g Sahne/80 g Stevia
1 TL Honig/2 EL Zitronensaft
2 Äpfel

Zubereitung:
Zuerst werden die Quitten mit einem Tuch kräftig abgerieben. Danach werden sie geschält, geviertelt und in Würfel geschnitten. Das Wasser wird mit dem Stevia und dem Zitronensaft aufgekocht. Das Stevia-Zitronen-Wasser etwas einkochen lassen und danach die Quittenwürfel hineingeben. Diese sollen in dem Wasser garen. Die Äpfel werden grob geraspelt und mit dem Honig sowie Zitronensaft gemischt. Danach werden die Äpfel mit Vanille und Zimt abgeschmeckt. Die Sahne wird steifgeschlagen und die Hälfte der Sahne wird unter die Apfelmasse gehoben. Nun wird die Apfelcreme auf 4 Glasteller aufgeteilt. Die Quittenwürfel werden abgetropft, zu der Apfelcreme gegeben und mit der restlichen Sahne verziert.

Fruchtiger Traum

Zutaten für 2 Personen:
250 g Weintrauben
2 TL Speisestärke
1 reife Banane
100 ml roter Fruchtsaft
2 TL Stevia
150 g frische oder getrocknete Himbeeren

Zubereitung:
Die Speisestärke wird mit 2 EL rotem Fruchtsaft glattgerührt. Der restliche Fruchtsaft wird mit den Himbeeren in einen Topf gegeben und aufgekocht. Danach das Ganze für 4–5 Minuten bei schwacher Hitze weiter köcheln lassen. Die angerührte Speisestärke wird nun zu den Beeren gegeben und unter Rühren aufgekocht. Nun wird das Stevia untergerührt. Die Beeren für ca. 1 Minute weiter köcheln lassen und danach durch ein Passiersieb gießen. Die Beeren durch das Sieb streichen. Die Bananen werden geschält und in kleine Würfel geschnitten. Diese werden unter die Beerensauce gemischt. Zum Schluss werden die Weintrauben gewaschen, von den Stielen abgezupft und zum Abtropfen zur Seite gestellt. Danach wird die Bananen-Beeren-Sauce auf zwei Desserttellern verteilt. Die Trauben werden auf dem Dessert angerichtet.

Zimtcreme mit Äpfel-Dessert

Zutaten für 10 Personen:
Einige Blättchen Zitronenmelisse
1 kg Äpfel
Saft von einer Zitrone
100 g Rosinen
250 g Sahne
100 ml Apfelsaft
1/2 TL gemahlener Zimt
80 g Stevia
250 g Joghurt

Zubereitung:
Zuerst werden die Äpfel geschält und entkernt. Danach werden sie geviertelt und in dünne Scheiben geschnitten. Die Apfelscheiben werden in einen Topf gegeben. Zusammen mit den Rosinen, dem Apfelsaft, dem Zitronensaft und dem Stevia werden die Apfelscheiben im Topf für ca. 5 Minuten gegart. Die Äpfel sollten bissfest sein. Den Topf anschließend vom Herd nehmen und auskühlen lassen. In der Zwischenzeit wird der Joghurt mit dem Zimt verrührt. Die Sahne wird steifgeschlagen und unter die Joghurtcreme gehoben. Die ausgekühlten Apfelstücke werden in Dessertschalen verteilt. Darüber wird die Zimtcreme gegeben. Zum Servieren kann das Dessert mit Zitronenmelisse garniert werden.

Heidelbeer-Muffins

Zutaten für 12 Stück:
12 Muffinförmchen aus Papier
200 g Weizenvollkornmehl
2 EL Wasser
60 g Haferflocken
300 g Sahne
2 TL Backpulver
180 g Stevia
1/2 TL Natron
2 Eier
250 g Heidelbeeren

Zubereitung:
Der Backofen wird auf 160°C vorgeheizt. Das Muffinblech wird mit den Backförmchen ausgelegt. Nun wird das Mehl mit den Haferflocken, dem Natron und dem Backpulver vermischt. Die Heidelbeeren werden geputzt und gewaschen. Danach werden die Eier verquirlt und mit dem Stevia, dem Wasser und der Sahne verrührt. Nun wird die Mehlmischung untergehoben. Zum Schluss kommen die Heidelbeeren dazu. Den fertigen Teig in die Muffinförmchen füllen und für 20–25 Minuten im vorgeheizten Backofen backen. Sobald die Backzeit abgelaufen ist, die Muffins aus dem Ofen nehmen und für 5 Minuten ruhen lassen.

Gefüllte Kokos-Feigen

Zutaten für 10 Stück:
10 ganze Pekannüsse
10 getrocknete Feigen
10 TL rohe Mandelbutter
1/4 Tasse frische Kokosraspeln

Zubereitung:
Zuerst werden die Feigen längs aufgeschnitten. Dann werden sie mit der Mandelbutter gefüllt. Die gefüllten Feigen werden in den Kokosraspeln ausgerollt und mit einer Pekannuss verziert.

Macadamia-Mandel-Creme

Zutaten für 2 Portionen:
1 kg frische Kirschen
300 g Macadamia-Nüsse
1/2 TL Stevia (je nach Geschmack auch mehr oder weniger)
60 g Mandeln
1 EL Vanillepulver
2 Tassen frische Milch

Zubereitung:
Die Macadamia und die Mandeln werden für mindestens 12 Stunden in basischem oder gut strukturiertem Wasser eingeweicht. Die eingeweichten Nüsse werden nun in einen Mixer gegeben. Stevia, Milch und Vanillepulver werden hinzugegeben und zusammen gemixt, bis eine cremige Konsistenz entstanden ist. Falls die Konsistenz zu fest ist, kann etwas Mandelmilch hinzugegeben werden. Nun muss die Creme für mindestens 3 Stunden im Kühlschrank ruhen. Serviert wird die fertige Creme mit den Kirschen.

Espresso-Kakao-Leckerei

Zutaten für 2 Portionen:
1 Banane
200 ml süße Molke
50 ml Espresso
1 Prise Kakao
2 TL Kakao
1 Pk. Vanillezucker

Zubereitung:
Espresso zubereiten und auskühlen lassen. Anschließend werden Banane, Molke, Vanillezucker und Kakao zusammengegeben und püriert. Den Espresso unterrühren und mit einem Trinkhalm servieren.

Kokosnussplätzchen

Zutaten für 10 Plätzchen:
150 g Kokosflocken
2 reife Bananen

Zubereitung:
Die Banane zerdrücken und die Kokosflocken hinzugeben. Alles miteinander verrühren. Den Backofen auf 150 °C vorheizen. Aus der Masse Cookies formen und auf ein mit Backpapier ausgelegtes Backblech verteilen. Die Cookies für 15–20 Minuten backen,

Kokosnuss-Cheesecake

Zutaten für ein 18 cm Springform:
Für den Boden:
Zimt
1 Banane
6 EL gemahlene Erdmandeln
Für die Masse:
2 Bananen
200 g Creamed Coconut

Zubereitung:
Zuerst den Backofen auf 170 °C vorheizen. Die Banane für den Boden zerdrücken. Die Erdmandeln und etwas Zimt untermischen. Die Springform mit Backpapier auslegen. Die Bananenmasse auf dem Boden der Springform verteilen. Den fertigen Boden für 20–25 Minuten backen lassen. Danach den Boden auskühlen lassen. Jetzt den Backofen auf 100 °C stellen. Die Creamed Coconut in einem Gefäß im Backofen weich werden lassen. Die Masse mit den Bananen in einem Mixer pürieren. Die Masse auf dem Kuchenboden verteilen und im Kühlschrank hart werden lassen.

Karottenkuchen

Zutaten für einen Kuchen: (Backform 20 x 20 cm)
Für den Kuchen:
2 EL Kokosöl
3 Karotten
1/2 TL Zimt
2 Bananen
170 g Kokosraspeln
140 g gemahlene Mandeln
Für das Topping:
1/2 EL Kokosöl
150 g weißes Mandelmus
25 ml Wasser
25 ml Limonensaft

Zubereitung:
Die Bananen und die Karotten pürieren. In einem Topf das Kokosöl erhitzen. Die Bananenmasse mit den Mandeln, den Kokosraspeln, dem Zimt und dem Kokosöl vermischen. Alles in die Backform geben. Das Mandelmus mit dem Wasser, dem Limonensaft und dem flüssigen Kokosöl vermischen. Dann auf dem Kuchen verteilen. Den fertigen Kuchen für mindestens 1 Stunde im Kühlschrank fest werden lassen.

Fruchteis

Zutaten für 4 Portionen:
1 EL Mandelmus
1 Avocado
100 ml Orangensaft
1 Mango
1 Banane

Zubereitung:
Die Avocado entkernen. Das Fruchtfleisch herauslösen und klein schneiden. Die Mango sowie die Banane schälen und ebenfalls klein schneiden. Alles für einige Stunden einfrieren. Die gefrorenen Früchte antauen lassen und zusammen mit dem Orangensaft und dem Mandelmus cremig mixen.

Tassen-Apfelkuchen

Zutaten für 1 Kuchen:
1/2 Tasse Rosinen/1 Tasse gemahlene Walnüsse
1/2 Tasse Kokosraspeln/1 Tasse Datteln
1/2 Tasse frischer Apfelsaft
1/2 Tasse rohe Sonnenblumenkerne
2 1/2 TL Zimt/4 Tassen geraspelte Äpfel

Zubereitung:
Die Datteln und die Sonnenblumenkerne in basischem Wasser einlegen, die Datteln für 15 Minuten und die Sonnenblumenkerne für 20 Minuten. 2/3 der Kokosraspeln mit den abgetropften Datteln, Sonnenblumenkernen und den Walnüssen mixen. Die Masse in eine Kuchenform geben. Die geraspelten Äpfel mit dem Zimt, dem Apfelsaft und den Rosinen vermischen. Die Apfelmasse auf den Kuchenboden geben und die restlichen Kokosraspeln darübergeben.

Herzhafte Müsliriegel

Zutaten für 10 Riegel:
1/4 TL Chilipulver
500 g Sonnenblumenkerne
1/2 TL organisches Korianderpulver
1 rote Paprika
1 TL Meersalz
2 Selleriestangen
2 gehäufte TL organisches Paprikapulver
1/2 Zwiebel
1 Bund Petersilie
1 Handvoll junge Spinatblätter
1 TL gehackter Knoblauch

Zubereitung:
Die Sonnenblumenkerne in 120 ml Wasser über Nacht einweichen lassen. Die Paprika waschen, entkernen und klein schneiden. Den Sellerie, die Zwiebel und den Spinat sowie die Petersilie ebenfalls klein schneiden. Das Gemüse in einem Mixer zerkleinern. Danach die Sonnenblumenkerne hinzugeben und nochmals mixen. Die Masse zu Riegeln formen und im Backofen auf niedriger Stufe backen.

Dattel-Pralinen

Zutaten für 24 Pralinen:
100 g ungesüßte Kokosnussraspeln
2 Tassen frische Datteln
80 ml Wasser

Zubereitung:
Die Datteln mit dem Wasser aufkochen und gelegentlich verrühren, bis ein Brei entsteht. Die Masse abkühlen lassen und zu Kugeln formen. Diese in den Kokosraspeln rollen und im Kühlschrank abkühlen lassen.

Dattel-Smoothie

Zutaten für 1 Portion:
frischer Zimt
2 frische Datteln
1 Tasse frische gekühlte Kokosnussmilch

Zubereitung:
Die Kokosnussmilch mit den Datteln und dem Zimt in einem Mixer pürieren.

Gefüllte Feigen

Zutaten:
10 ganze Pekannüsse
10 getrocknete Feigen
10 TL rohe Mandelbutter
1/4 Tasse frische Kokosraspeln

Zubereitung:
Zuerst die Feigen längs einschneiden. Darin die Mandelbutter einfüllen. Die Feigen in den Kokosraspeln rollen und jeweils eine Pekannuss draufsetzen.

Avocado-Mousse

Zutaten für 4 Personen:
1 1/2 TL Meersalz
2 Avocados
5 Datteln
200 ml Kokoswasser
2 EL roher Kakao
1 EL Vanille

Zubereitung:
Die Avocado entsteinen und das Fruchtfleisch herauslösen. Das Fruchtfleisch mit den restlichen Zutaten mixen. Die Masse für 4 Stunden im Kühlschrank fest werden lassen.

Haftungsausschluss

Auch wenn der Inhalt mit großer Sorgfalt geprüft und erstellt wurde, kann für die Richtigkeit und Gültigkeit keine Garantie übernommen werden. Der Inhalt mit den entsprechenden Informationen in diesem Buch dient nur dem Unterhaltungszweck. Das Buch ist nicht dazu bestimmt in irgendeiner Form einen medizinischen oder professionellen Rat zu ersetzen. Jede Aussage dieses Buches ist aus eigener Erfahrung und/oder aus bestem Wissen getroffen worden. Das Buch beinhaltet allgemeine Strategien und kann nicht als Anleitung verstanden werden. Ob und wie eventuelle Ratschläge in die Tat umgesetzt werden, liegt einzig und allein am Leser dieses Buches. Der Autor haftet nicht für eventuelle Schäden oder nachhaltige Auswirkungen, die in direktem oder indirektem Zusammenhang mit dem Inhalt dieses Buches stehen.

Impressum

© Sina Ried und Aylin Bruck
1. Auflage 2019 Alle Rechte vorbehalten. Nachdruck, auch auszugsweise, verboten. Kein Teil dieses Werkes darf ohne schriftlich Genehmigung des Autors in irgendeiner Form reproduziert, vervielfältigt oder verbreitet werden. Kontakt Nancy Troike/ Berlin Covergestaltung: Germancreativ Coverfoto: Depositphotos.com Taschenbuch wird gedruckt bei: Amazon Media EU S.á r.l., 5 Rue Plaetis, L-2338, Luxembourg

Printed in Germany
by Amazon Distribution
GmbH, Leipzig